weimarer
verlagsgesellschaft

Impressum

ZITATE MIT WITZ

Ausgewählt und in Form gebracht von Ulf Annel

ISBN: 978-3-86539-710-2

info@verlag-weimar.de | www.verlag-weimar.de

Umschlagbild: aus Wilhelm Busch, Max und Moritz–
Eine Bubengeschichte
in sieben Streichen, München, 1865;
Tapete 3091 Steppdecke (gelb), um 1790,
Original aus dem Palais Darmstadt,
Tapeten Manufaktur HEMBUS

Umschlag: Olga Bétoux, Weimar
Layout und Satz: Andreas Waldmann, Weimar
Lektorat: Michael Tuscher, Weimar

Printed in Germany

Mit freundlicher Unterstützung
der Tapeten Manufaktur HEMBUS
Frankfurt am Main

ZITATE MIT WITZ

Ausgewählt und in Form gebracht
von Ulf Annel

weimarer
verlagsgesellschaft

Es ist immer noch zu wenig gelacht worden in der Welt …

Friedrich Wilhelm Nietzsche

Kannst du nicht allen gefallen durch deine Tat und dein Kunstwerk, mach es wenigen recht; vielen gefallen ist schlimm.

Friedrich von Schiller

Mit Geistesblitzen kann man die Welt erleuchten, aber keinen Ofen heizen.

Christian Friedrich Hebbel

Eitelkeit ist die Haut der Seele.

Friedrich Wilhelm Nietzsche

Eine gute Vorrede muss zugleich die Wurzel und das Quadrat ihres Buchs sein.

Friedrich Schlegel

Ein paar Worte Vorwort

Dies ist das Vorwort mit Blick auf ein paar nachhaltige Sätze. Nachhaltigkeit halten ja heute viele Menschen für sehr wichtig, weswegen auch das Wort große Wichtigkeit ausstrahlt. Dabei sagt es ja nichts weiter, als dass man hofft, dass etwas länger hält, von längerer Wichtigkeit für uns ist, dass etwas nachhallt.
Dieses Buch vereinigt einen Schwall Hall von gewisser Nachhalltigkeit.
Hier wurden Sätze versammelt, deren Geist heute noch durch die heiligen Hallen und Straßen einer Stadt schwebt, die der als Humordichter in uns nachhallende Christian Morgenstern einmal ganz im Ernst so bedichtete:

Weimar

Zwei Männer traten
unter dein Zelt,
Hauptstadt Deutschlands,
Hauptstadt der Welt!

Ja, das Klassikerduo ist an allem nachhaltig schuld. Ohne die zwei beiden hätte Weimar nicht diese anhaltende Ausstrahlung. Ohne sie wäre diese kleine Stadt nicht so groß geworden im Geiste, obwohl oft genug Kleingeistigkeit große Geister verdammte, vergrätze, vertrieb. Ohne den mit Mainwasser besprenkelten Frankfurter und den berühmtesten schwäbischen Asy-

lanten in Thüringen wäre Weimar gestern und heute – und aller Wahrscheinlichkeit nach auch morgen – eben nicht so nachhaltig magnetisch.
Weimar hat so etwas Anziehendes, ohne immer modern sein zu wollen. Weimar wird immer wieder als Museum geoutet, aus dem angeblich die Musen verschwunden sind, und trotzdem ist Weimar in. Total in. Inniger geht es kaum. Die Welt kommt zu Besuch, weil sie Weimar liebt und im Liebesrausch in Weimar etwas sucht: zum Beispiel den Nachhall der Zeitalter, die da unvorsichtigerweise einesteils golden und andererseits silbrig benannt wurden.
Ganz nebenbei: Wenn man das weiterdenken würde, welches Zeitalter hieße dann das bronzene, und welche Bleche gäben allem Nachfolgenden ihren Namen? Hätten wir dann heute vielleicht das aluminiumsche?
Weimar braucht keinen Wettkampf der verschiedenen Zeitalter, denn sie sind nicht verschieden, also tot. Sie sind doch recht lebendig. Da braucht es keine abschließende Siegerehrung mit metallenen Medaillen. Weimar siegt sozusagen im Ganzen.
Deswegen rauschen die weimarverliebten Scharen nach Ilm-Athen hinein. Es gibt ja für jede einzelne und jeden einzelnen etwas zu entdecken und zu erleben, was die Verliebtheit bestätigt.
Dieses vergleichsweise kleine Gemeinwesen war und ist im Großen und Ganzen reichhaltig mit Geistesgrößen und Geist gefüllt. Manche Geister hatten stationäre Aufenthalte in Weimar, andere nutzten die Stadt eher ambulant. Der Geist von Weimar ist in sie alle gefahren und hat ihren Geist angeregt. Das ist noch nicht sprichwörtlich, aber man könnte es demnächst „Weimarer Begeisterung" nennen.
Jetzt mal ganz geistlos gesprochen: Wer ist nicht alles durch diese Stadt gegangen. Wäre man Society-Repor-

ter oder Paparazzo, wen hätte man nicht alles hier erwischen können. Die Regenbogenpresse – wenn sie denn auf Geist und nicht nur Glamour setzen würde – hätte endlos Material. Es gibt Listen voller Prominenter, A-, B- C- und sonstige Promis, Listen berühmter sowie berüchtigter Hotel- und Restaurantgäste. Ehrenbürgerlisten. Weltbürger waren hier, genauso wie Städtetouristen, Wald- und Wiesendichter, Dorfpolizisten und Straßenmädchen sowie Gassenjungs. Von vielen Besuchern weiß selbst das Internet nichts Nachhaltiges zu berichten. Aber im weltweiten Netz findet man Menschen, die weimarverbunden waren und sind, listig- und lustigerweise vielfältig aufgelistet; vergleichbar großer Rollen Schmuckspitze für repräsentative Galakleider. Man merkt es nicht immer im alltäglichen Alltag, aber die Menge berühmter Besucher adelt die Stadt. Weimar schmückt sich mit ihnen, aber schmückendes Beiwerk sind sie nicht. Denn die Aufgelisteten saugen den Geist von Weimar ein und atmen ihn angereichert wieder aus. Alle Sätze in diesem Buch sind Ausatmungen von Leuten, die Weimar aufgesucht haben. Es wäre eine schöne Aufgabe, herauszubekommen, wann und warum die hier Versammelten in Weimar weilten. Folgt da dieses Sammelwerk einem System? Außer dem Alphabet keinem. Lust und Laune haben uns geleitet. Das ist hier keine lange Shortlist der besten Sätze. Es ist Ausdruck des Erstaunens, wer Weimar alles beehrt hat.

Es ist also alles nur geklaut. Sie halten geistige Hehlerware in der Hand.

Den Ungeist haben wir ausgespart, aber nicht die, die darunter leiden mussten. Trotz alledem! Es soll ein fröhlich-trotziges Buch sein, ein frech-trutziges, voller Geradedraufzu-Sätze. Manche sind wohldurchdacht und erst dann ausgesprochen und aufgeschrieben, andere glänzen nicht unbedingt mit Formulierungskunst, brillieren jedoch inhaltlich. Insgesamt wollten wir es unterhaltsam, aufmunternd, locker, anregend. Voller Humor, allerdings eben nicht von der hirnleeren Art. Dauerhaft sinnvolle Sätze, nicht bedauerlich sinnlose. Unterhaltende Ernsthaftigkeiten – vielleicht für Sie Anlässe für ernsthafte Unterhaltungen. Weiterverbreitung von intelligentem Spaß ist nicht strafbar. Geteilter Geist ist doppelte Freude. Oder wie es Heinrich Heine formulierte: „Weise erdenken neue Gedanken, und Narren verbreiten sie." Und bitte die Närrinnen nicht vergessen. Nun denn.

Ulf Annel, Erfurt im Frühjahr 2014

Zitate mit Witz von Ackermann bis Ziegler

A

Josef Ackermann (* 1948),
V-fingriger Schweizer Deutsch-Banker

Meine persönlichen Ansprüche zum Beispiel sind eher bescheiden.

Wer überleben will, muss zwar nicht unbedingt so schnell laufen können wie der Bär, aber bitte doch schneller als die Mitläufer.

Mario Adorf (* 1930),
kriminologiestudierter Schauspieler und Autor

Ein erfolgreicher Mann ist ein Mann, der mehr verdient, als seine Frau ausgeben kann. Eine erfolgreiche Frau ist eine, die so einen Mann findet.

Tschingis Aitmatow (1928–2008),
kirgisischer Weltliterat

Zu denken, dass die Demokratie alle unsere Schwierigkeiten aus der Welt schaffen und eine problemlose Existenz ermöglichen wird, halte ich für einen Trugschluss.

Einem Esel ist nicht zu beweisen, dass er ein Esel ist.

Franz Alt (* 1938),
umweltgerechter Journalist

Die wichtigste politische Frage des 21. Jahrhunderts heißt: Krieg um Öl oder Frieden durch die Sonne?

Man kann nicht immer nur Politik machen, man muss auch mal etwas Ernsthaftes machen.

Hans Christian Andersen (1805–1875),
Märchenonkel

Es geht mit den Kindern des Geistes wie mit den irdischen: sie wachsen, während sie schlafen.

Jede Gesellschaft hat ihren Harlekin, ob er nun Pritsche, Ordenskette oder Ornat trägt.

Hans Arp (1886–1966),
Da-da-daist

Der Mensch ist das Maß aller Schneider.

Heute ist der Sinn des Lebens, Geschwätzwettbewerbe zu veranstalten, gigantische Krachmaschinen, Heulmaschinen, Geschwätzverstärkungsmaschinen Tag und Nacht in Betrieb zu erhalten.

Bruno Apitz (1900–1979),
Autor mit Weimarblick

Wer nach Verborgenem sucht, kriecht in Winkel, geht aber an dem vorüber, was ihm vor der Nase liegt.

B

Bodo Baake (* 1941),
Thüringer-Landeszeitung-Kolumnist

Wenn hier ein Steinchen umgewendet wird, heben sich in Paris und London die Augenbrauen.

Carl Philipp Emanuel Bach (1714–1788),
Musikerfamiliefamilienmusiker

Aus der Seele muss man musizieren und nicht wie ein abgerichteter Vogel.

Johann Sebastian Bach (1685–1750),
Musik-Genie

Wem die Kunst das Leben ist, dessen Leben ist eine große Kunst.

Alles, was man tun muss, ist, die richtige Taste zum richtigen Zeitpunkt zu treffen.

Egon Bahr (* 1922),
politischer Denker von Gewicht

Demokratische Wahlen sind auch dann demokratische Wahlen, wenn das Volk die Hamas wählt.

Verstand ohne Gefühl ist unmenschlich; Gefühl ohne Verstand ist Dummheit.

Felix Mendelssohn Bartholdy (1809–1847),
erster Dirigent und Musikhochschulgründer

Es wird so viel über Musik gesprochen und so wenig gesagt. Ich glaube überhaupt, die Worte reichen nicht hinzu, und fände ich, dass sie hinreichten, so würde ich am Ende keine Musik mehr machen.

Die Posaunen sind zu heilig, um häufig eingesetzt zu werden.

Wladyslaw Bartoszewski (* 1922),
polnischer Weiser

Erfolg ist kein Kriterium.

August Bebel (1840–1913),
Sozialdemokraten-Vater

Ein Dramatiker stirbt heute nicht einmal, sondern mehrmals, umgebracht von den Regisseuren seiner Stücke.

Spricht man aber von der Gleichheit aller Menschen, dann ist es ein Unding, davon die Hälfte des Menschengeschlechts ausschließen zu wollen.

Die Menschlichkeit hat keinen Kurs an der Börse.

Man muss manchmal den Sack zumachen, auch wenn er noch nicht voll ist.

Den Sozialismus in seinem Lauf hält weder Ochs noch Esel auf.

Johannes R. Becher (1891–1951),
Drogen liebender Nationalhymnen-Dichter

Auferstanden aus Ruinen / Und der Zukunft zugewandt, / Lass uns dir zum Guten dienen, / Deutschland einig Vaterland.

Besser gemeinsam schweigen als allein noch so klug reden.

Das Schlimmste für mich ist, wenn ich am Schluss einer Aufführung wissen möchte, wie es mir gefallen hat.

Freundschaft ist: Dem Freunde auch zu sagen, wenn er aus dem Munde riecht.

Ludwig Bechstein (1801–1860),
Sagen sammelnder Märchenonkel

Wer blau ist, wird nur selten rot.

Dem Unersättlichen in jeglichem Genuss / wird selbst das Glück zum Überfluss.

Das kleine Wörtchen Muss ist doch von allen Nüssen, die Menschen knacken müssen, die allerhärt'ste Nuss.

Kurt Beck (* 1949),
Formel-1- und Frisör-Fan

Wenn einer lacht, lach' mit. Wenn einer trinkt, trink' mit. Wenn einer schafft, lass ihn schaffen.

Ben Becker (* 1964),
Bühnenberserker

Alles, was dunkel ist, interessiert.

Man kann natürlich sagen, wenn man das Wort des Herrn verkündet, sollte man ihm vorher mal „Guten Tach" gesagt haben. Aber das ist Blödsinn.

Du musst den Küchenboden wischen, danach hast du deine Küche richtig lieb, weil du jede Fliese zu schätzen weißt.

Jurek Becker (1937–1997),
nicht nur Kreuzberg-Liebling

Wenn einer sich eingesperrt fühlt, soll er zuerst untersuchen, ob er nicht im Käfig seiner eigenen Mittelmäßigkeit steckt.

Helden halten bloß den Betrieb auf. Wegen denen dauert alles viel länger.

Iris Berben (* 1950),
Engagierte

Alle Frauen warten auf den Mann ihres Lebens, aber in der Zwischenzeit heiraten sie.

Es wäre schön, wenn man - nicht nur bei mir - neben dem Knackarsch auch das Knackhirn ansehen würde.

Ich finde alt werden einfach scheiße.

Sibylle Berg (* 1962),
Frei-Schnauze-Autorin

Die Ehe ist genauso unnütz wie eine Taufe. Man kann das tun, es hilft aber nichts.

Rauchen erzeugt traurige Haut und tristen Atem.

Eine Meinung zu haben und sie nicht zu verändern heißt, sich nicht weiterzubilden.

Dagmar Berghoff (* 1943),
weibliche Tagesschau-Premiere

Wenn ich versagt hätte, wären wieder jahrelang nur noch Männer als Sprecher eingesetzt worden.

Friedrich Justin Bertuch (1747–1822),
selten verlegener Verleger

Ein Bilderbuch ist für eine Kinderstube ein ebenso wesentliches und noch unentbehrlichres Meuble als die Wiege, die Puppe, oder das Steckenpferd.

Freuden, die man übertreibt, verwandeln sich in Schmerzen.

Kurt Biedenkopf (* 1930),
sächsischer Landesvater aus dem Rheinland

Mit Kohl als Titanic wäre der Eisberg gesunken.

Matthias Biskupek (* 1950),
sächsisch-thüringischer Satiriker

Weimar jung sind, ist die Welt so schön.

Leon Blum (1872–1950),
französischer Autor-Politiker

Erfolg ist exakter und pünktlicher Gehorsam gegen das Gebot der Stunde.

Ich glaube es, weil ich es hoffe.

Freuden, die man übertreibt, verwandeln sich in Schmerzen.

Friedrich Justin Bertuch

Arnold Böcklin (1827–1901),
Insel-Maler

Wer nicht aus allem lernen kann, der lernt nichts.

Nichtskönnen ist noch lange keine neue Richtung.

Thilo Bode (* 1947),
Beschützer der Umwelt und Verbraucher

Was legal ist, ist noch lange nicht richtig.

Außerdem hat Lebensmittelsicherheit beim Fleisch nichts mit teuer oder billig zu tun. Auch billiges Fleisch muss sicher sein. So wie beim Polo die Bremsen genauso sicher sein müssen wie beim großen BMW.

Ludwig Börne (1786–1837),
literarischer Journalist mit Hang zur Pointe

Minister fallen wie Butterbrote: gewöhnlich auf die gute Seite.

Es gibt Menschen, die geizen mit ihrem Verstande, wie andere mit ihrem Gelde.

Die Fürsten hätten sich und ihren Völkern viel Unglück ersparen können, wenn sie die Hofnarren nicht abgeschafft hätten. Seit die Wahrheit nicht mehr sprechen darf, handelt sie.

Du musst klein sein, willst du kleinen Menschen gefallen.

Welche Sprache darf sich mit der deutschen messen, welche andere ist so reich und mächtig, so mutig und anmutig, so schön und mild als unsere?

Werde nie so reich an Geist, dass du arm würdest am Herzen.

Das größte häusliche Unglück, das einem Mann begegnen kann, ist, wenn seine Frau einmal gegen ihn Recht hat, nachdem er es ihr abgestritten. Dieses einzige kleine Recht dient ihr wie ein Fläschchen Rosenöl; damit macht sie zwanzig Jahre all ihr Geräte und Gerede wohlriechend.

Ohne Witz kann man nicht auf die Menschen wirken.

Manfred Bofinger (1941–2006),
menschenfreundlicher Menschenkarikierer

Disziplin – diszipliniert, Ordnung – ordentlich, Volk – volksam.

Napoleon Bonaparte (1769–1821),
kleinwüchsiger Größenwahnsinniger

Vom Erhabenen zum Lächerlichen ist es oft nur ein Schritt.

Alle Revolutionen kommen aus dem Magen.

Ich habe etwas Lächerliches über die Menschen herausgefunden. Sie sind bereit, für Orden und bunte Bänder zu sterben.

Man kann keinen Eierkuchen backen, ohne ein paar Eier zu zerschlagen.

In der Politik ist Dummheit kein Handicap!

Religion ist das, was die Armen davon abhält, die Reichen umzubringen.

Das sicherste Mittel, arm zu bleiben, ist ein ehrlicher Mensch zu sein.

Phantasie regiert die Welt.

Die Menschen kämpfen härter für ihre Interessen als für ihre Rechte.

Willy Brandt (1913–1992),
sozialdemokratischer Sozialdemokrat

Demokratisierung der Familie meint doch nicht, dass darüber abgestimmt wird, wer der Vater ist.

(100-Jahresfeier, SPD Frankfurt, 13.09.1969)

Den Interessen unseres Volkes wird nicht gerecht, wer schon Amen sagt, wenn in Washington noch gebetet wird.

(SPD-Bundesparteitag, Nürnberg, 25.08.1986)

Es sind die schlechtesten Deutschen nicht, die unruhig werden, wenn sie des Nachts an Deutschland denken.

(SPD-Bundesparteitag, Karlsruhe, 24.11.1964)

Pierre Brice (* 1929),
Winnetou for ever

Die Sterbeszene gefällt mir am besten.

Gerhard Branstner (1927–2008),
dialektischer Satiriker

Schmeichelei ist Aggression auf Knien.

Wer vom Schweigen nichts versteht, sollte den Mund halten.

André Brie (* 1950),
langjähriger Politiker mit Hang zur Kürze

Geradlinigkeit ist wohl selten der kürzeste Weg zwischen zwei Menschen.

Es ist nicht möglich, allen Leuten auf die Finger zu sehen. Mancher hat ihn in der Nase.

Die wichtigsten Fragen sind jene, die sich aus den scheinbar endgültigen Antworten ergeben.

Manchmal glaubt man, am Ziel zu sein, und ist doch nur am Ende.

Mein größter Wunsch: eine zündende Idee für Strohköpfe.

Max Brod (1884–1968),
Kafka-Retter und Werfel-Entdecker

Die Hölle wäre nicht vollständig, wenn ihr die Phrasen des Idealismus fehlten.

Wir sind alle Darsteller von Nebenrollen, ohne allzu viel vom Stück zu wissen.

Wie lässt sich das Leiden der Welt mit dem Glauben an einen allmächtigen und allgütigen Gott vereinbaren?

Lothar-Günther Buchheim (1918–2007),
dauerunzufriedener Autor und Sammler

Tapferkeit, Heldenmut, das sind Adrenalinausschüttungen.

Ich war gegen die deutsche Wiederbewaffnung. Aber da wir sie nun einmal haben, kann man doch nicht so eine Luschbande da herumlaufen lassen.

Grace Bumbry (* 1937),
„Schwarze Venus" genannte Sopranistin

Die Menschen sehnen sich nach Schönheit, und die finden sie in der modernen Musik nicht.

C

John le Carré (* 1931),
britischer Agenten-Literatur-Führer

Provozieren heißt, die Leute denken zu lassen.

Die Geheimdienste sind die einzig wahre Widerspiegelung der Charaktereigenschaften einer Nation.

Wenn man die Wahrheit verschweigt, wird das Schweigen zur Lüge.

In Bonn sind sogar die Fliegen verbeamtet.

Rudi Carrell (1934–2006),
witziger holländischer Schau-Meister

Es gibt ohnehin nichts Schwierigeres auf dieser Welt, als Freunde zu gewinnen.

Schafe zählen ist – gleich nach dem fernsehen – noch immer die verlässlichste Einschlafmethode.

In Deutschland gibt's sinnlose Verbote. Zum Beispiel Thema Rasen: Drunter liegen darfst du, drauftreten nicht.

Wenn ich mich an jemandem rächen will,
dann nehme ich ihm die Radkappe ab und tue ein Steinchen hinein.

Mathieu Carriére (* 1950),
meist unwitziger deutscher Hugenotten-Namensträger

Das Dschungelcamp ist Bildungsfernsehen.

Viele Leute finden mich zum Kotzen, andere schwärmen von mir. Was mich freut, ist, dass sich beide Gruppen für meine Arbeit interessieren.

Björn Casapietra (* 1970),
deutsch-italienischer Tenor

Eine Karriere, die auf den Rücken der Kinder stattfindet, ist keine.

Matthias Claudius (1740–1850),
volksverständlicher Reimesetzer

Sage nicht alles, was du weißt, aber wisse immer, was du sagest.

Sitze nicht, wo die Spötter sitzen, denn sie sind die elendesten unter allen Kreaturen.

Den leeren Schlauch bläst der Wind auf, den leeren Kopf der Dünkel.

Lebt wohl. Und wisst, dass alles Quark ist – außer einem fröhlichen Herzen, das seiner bei aller Gelegenheit mächtig ist.

Den leeren Schlauch bläst der Wind auf,
den leeren Kopf der Dünkel.

Matthias Claudius

Clueso (* 1980),
Musiker mit Wortwitz

Ich glaube an das Schüler-Meister-Prinzip. Nur wo sind die ganzen Meister?

Daniel Cohn-Bendit (* 1945),
Rabauke mit grünem Politanstrich

Es ist schon interessant, dass die Konservativen kulturelle Veränderungen immer bekämpfen, aber sehr glücklich sind, wenn sie Nutznießer sein können.

Peter Cornelius (1824–1874),
dichtender Komponist

Das Kunst liebende Publikum ist die incalculabelste Bestie von der Welt und frisst Häcksel und Ananas mit demselben Appetit.

D

Stephan Dettmeyer (* 1949),
schreibender „Sachsenmeyer"

Die Landung ist das Problematische. Auch bei Freudensprüngen.

Christoph Dieckmann (* 1956),
u.a. Fußball- und Rock-Essayist

Leute machen Geschichte, den kleinen stößt sie zu.

Eines können wir nicht mehr fusionieren: die 40 Jahre Unterschiedsgeschichte.

Marlene Dietrich (1901–1992),
nie – von Kopf bis Fuß-lose Schauspielerin

Die Männer beteuern immer, sie lieben die innere Schönheit der Frau – komischerweise gucken sie aber ganz woanders hin.

Die meisten Frauen setzen alles daran, einen Mann zu ändern, und wenn sie ihn dann geändert haben, mögen sie ihn nicht mehr.

Der Geburtsschein ist ein Gerücht, das eine Frau durch ihr Aussehen jederzeit dementieren kann.

Selten ist ein Mann so gut in Stimmung wie dann, wenn er von sich selbst erzählt

Wenn ich mein Leben noch einmal leben könnte, würde ich die gleichen Fehler machen. Aber ein bisschen früher, damit ich mehr davon habe.

Annette Dittert (* 1962),
nicht ortsgebundene Journalistin

Eine gemachte Story ist besser als zehn geplante.

Guter Journalismus kostet gutes Geld.

Thea Dorn (* 1970),
kluge Frau im TV

Ich bin der lebende Beweis, dass die These, Frauen könnten aufgrund ihrer „Biologie" nicht einparken, schlichtweg falsch ist.

Die grassierende Rückgratlosigkeit halte ich für eines der größten Übel unserer Zeit.

Die Zerrissenheit ist für mich so etwas wie die Essenz des Deutschen.

Günter von Dreyfuß (* 1957),
weimarverliebter Musiker

Und weil die Zeit gekommen war, mir Träume zu erfüll'n, / den Hunger nach dem Abenteuer, das da Leben heißt zu still'n, / bin ich einfach hier geblieben, fühlte mich zuhaus.

Eleonora Duse (1858–1924),
untheatralische Tragödin

Ohne Frauen geht es nicht. Das hat sogar Gott einsehen müssen.

Ein Mann ändert eher das Antlitz der Erde als seine Gewohnheiten.

Kein Mann ist imstande, die weibliche Vernunft zu begreifen. Deshalb gilt sie als Unvernunft.

Mit einem Mann ist es wie mit einem Hund: Man muss ihn so lange streicheln, bis Maulkorb und Leine fertig sind.

Ein Mann kann höchstens vollständig sein, eine Frau aber vollkommen.

E

Friedrich Ebert (1871–1925),
Erstbesetzer aller deutschen Präsidentensessel

Das deutsche Volk ist frei, bleibt frei und regiert in alle Zukunft sich selbst. Das ist der einzige Trost, der dem deutschen Volke geblieben ist.

Johann Peter Eckermann (1792–1854),
lebendes Goethe-Notizbuch

Es ist keine Kunst, geistreich zu sein, wenn man vor nichts Respekt hat.

Die Welt ist so voller Schwachköpfe und Narren, dass man nicht nötig hat, sie im Tollhause zu suchen.

Hans Eichel (* 1941),
staatstragender Finanzjongleur

UMTS steht für Unerwartete Mehreinnahmen zur Tilgung von Staatsschulden.

Was getan werden muss, wenn etwas getan werden muss, muss natürlich getan werden!

Es soll ja Ärzte geben, die ihren Patienten Moorbäder verschreiben, damit diese sich schon mal an die feuchte Erde gewöhnen.

Gunther Emmerlich (* 1944),
Thüringer mit tiefer Stimme

Man hat mir überhaupt nichts erlaubt, ich habe es einfach gemacht.

Für einen, der mit neun Jahren in der Weihnachtsschau der HO Eisenberg als liegender Zwerg debütiert hat, bin ich ganz zufrieden.

Die Welt ist so voller Schwachköpfe und Narren,
dass man nicht nötig hat, sie im Tollhause zu suchen.

Johann Peter Eckermann

Ella Endlich (* 1984),
„Küss mich, halt mich, lieb mich"-Sängerin

Wer lustig sein will, muss auch wissen, was Traurigkeit heißt.

Peter Ensikat (1941–2013),
Dieter Hildebrandt des Ostens

Freiheit ist die Einsicht, dass zur Veränderung keine Notwendigkeit besteht.

Vom Rechtsstaat Gerechtigkeit zu erwarten, ist einfach zu viel verlangt.

Der Sozialismus ist daran gescheitert, dass er keiner war, der Kapitalismus könnte daran scheitern, dass er wirklich einer ist.

Das ist deprimierend, aber das Volk hat ein Recht auf Dummheit.

Erhard Eppler (* 1926),
SPD-Grundwertekommissar

Da gibt es Leute, die fummeln an Menschenschicksalen herum, wie ein Betrunkener an einem Haustürschloss.

Wo Wachstum zum allgemein anerkannten Ziel aller Politik wird, ist die Rutschbahn zum Marktradikalismus schon gebaut.

Wer heute versucht, etwas Bewahrenswertes zu bewahren, der muss schon fast ein Revolutionär sein.

Wo Sprache nicht mehr trägt, wird der Geist machtlos und die Macht geistlos.

Paul Ernst (1866–1933),
E-Autor außer als U-Autor Spassmöller

Ein Volk lebt nur durch den Geist; und wenn der Staat geistlos geworden ist, dann hat das Volk nichts mehr mit ihm zu tun.

Die Beherrschung der Welt durch die Lüge ist das Zeichen der gegenwärtigen Zeit.

Die Narren reden am liebsten von der Weisheit, die Schurken von der Tugend.

Je mehr man erreicht, was man wünscht, desto unglücklicher wird man.

Der Edle hat Angst um andere,
der Gemeine um sich selber.

Eberhard Esche (1933–2006),
Theaterakteur mit Prinzipien

Glück allein im Erreichten zu finden, schließt die Zukunft aus.

Der Widerstandswille von Schauspielern gleicht der Bissigkeit von Lämmern.

Die heutigen Götter haben kein ewiges Leben, sie sind Kurzzeitgötter wie Mannequins, Talkscheißer, Serienmörder, Besenkammerficker, Hollywoodkleinheiten und dergleichen.

Es gibt eben die Gewohnheit, Leute, die durch einen mehr oder weniger natürlichen Tod unschädlich gemacht sind, durch die Erfindung der Gedenktage noch unschädlicher zu machen.

August Everding (1928–1999),
bayrischer Bühnenbeweger aus Bottrop

Das Lesen der Programmzeitschriften droht unsere Literatur zu werden.

Der allgemeine Geschmack ist so schlecht, dass ihm nachzulaufen immer nur bedeutet, das Hinterteil zu sehen.

Ein Vakuum füllt sich immer – und sei es mit Mist.

Humorlosigkeit ist die Unfähigkeit, eine andere Wirklichkeit wahrzunehmen als die eigene.

Kultur ist, aus dem schlechten Geschmack der vielen den guten Geschmack der wenigen zu machen.

Wer den Zeitgeist heiratet, wird bald Witwer sein.

F

August Heinrich Hoffmann von Fallersleben
(1798–1874),
Kinderlieder- und Nationalhymnen-Poet

Der größte Lump im ganzen Land, das ist und bleibt der Denunziant.

Mit gift'gem Weib ist lebenslang gequält, wer sich ein Weib der Mitgift wegen wählt, denn Gift bleibt Gift, von welcher Art es sei, und solche Hochzeit ist Giftmischerei.

Ja, verzeihlich ist der Großen Übermut und Tyrannei, denn zu groß und niederträchtig ist des Deutschen Kriecherei.

Oh, sage mir, wie heißt das Tier, das vieles kann vertragen, das wohl den größten Rachen hat und auch den größten Magen? Es heißet Haifisch auf dem Meer und Fiskus auf dem Lande.

Wein, Weib und Würfel
ist ein dreifach W.

Rosemarie Fendel (1927–2013),
Lollobrigida-Taylor-Signoret-Stimme

Kindern gibt man Flügel, aber fliegen müssen sie alleine.

Johannes Daniel Falk (1768–1826),
Satiriker mit sozialer Ader

Ja, vor der Feigheit darf ein Held erzittern.

Entblößt im Leben, nackt im Tod, / An Glauben leer und Batzen / Bewahr', o lieber Herre Gott, / Uns vor Aufklärungsfratzen!

Ein Punkt ist diese Welt, ein Traum ist unser Leben.

Lyonel Feininger (1871–1956),
malerischer Welt-Vereckerer

It is very stimmungsvoll there.

Kunst ist nicht Luxus, sondern Notwendigkeit.

I can find no Reiz in them.

Heino Ferch (* 1963),
Oft-Schauspieler

Zirkus ist das Unmittelbarste überhaupt, dieses Jonglieren mit Leben und Tod.

Mit Kindern entdeckt man Ängste, die man vorher nicht hatte.

Johann Gottlieb Fichte (1762–1814),
idealistischer Deutsch-Denker

Die Lüge ist immer ein Selbstmord des Geistes.

Ein Staat, der die Krücke der Religion borgt, zeigt uns nichts weiter, als dass er lahm ist.

Es ist der Zweck aller Regierung, die Regierung überflüssig zu machen.

Peter Finger (* 1954),
6-Saiten-Äquilibrist

Nach der 450ten Produktion mit Gitarrenmusik ist die 451te nicht mehr unbedingt das Spannendste, was ich mir so vorstellen kann.

Günther Fischer (* 1944),
jazziges Saxophon spielender Filmkomponist

Die Begabung macht höchstens zwanzig Prozent am Erfolg aus, der Rest ist hineinknien, dranbleiben, durchhalten.

Wenn ich mir da jetzt allzu lange den Kopf darüber zerbreche, fällt mir am Ende womöglich wirklich nichts mehr ein.

Joschka Fischer (* 1948),
jo-jo-effektvoller Politiker und Mensch

Es gibt doch eine ganze Latte politischer Halbleichen bis Leichen, die hier auf Kabinettsposten herummodern.

Wer keine Ahnung hat, hat auch keine Meinung.

Es gibt keine Lügen, nur situationsangepasste Wahrheiten.

Ich war einer der letzten Live-Rock-'n'-Roller der deutschen Politik. Jetzt kommt in allen Parteien die Playback-Generation.

Georg Forster (1754–1794),
Natur liebender Weltumsegler und Revoluzzer

Zwietracht und Streit sind das Werk anmaßender Begierden und Leidenschaften.

Das Ziel, wohin wir streben, ist uneingeschränkte Herrschaft der Vernunft bei unverminderter Reizbarkeit des Gefühls.

Wer ist so blödsinnig, dass er die Wahrheit nicht erkennen, wer so neidisch, dass er die erkannte Wahrheit nicht mitteilen möchte?

Zum Selbstgefühl erwachen, heißt schon frei sein.

Zwietracht und Streit sind das Werk anmaßender
Begierden und Leidenschaften.

Georg Forster

Lisa Fitz (* 1951),
Kabarettistin aus bayrischer Künstlerdynastie

Männer putzen Rallyestreifen vom Kadett, aber nie die Brille vom Klosett!

Wer kein Selbstbewusstsein hat, braucht ein Nationalbewusstsein.

Caspar David Friedrich (1774–1840),
romantischster aller Romantik-Maler

Der Maler soll nicht bloß malen, was er vor sich sieht, sondern auch was er in sich sieht. Sieht er aber nichts in sich, so unterlasse er auch zu malen, was er vor sich sieht.

Früher galt ich bei andern, jetzt gelte ich mir selbst etwas. Viele ziehen das erste, wenige das zweite vor.

Hüte dich vor kalter Vielwisserei, vor frevelhaftem Vernünfteln; denn sie töten das Herz, und wo das Herz und Gemüt im Menschen erstorben sind, da kann die Kunst nicht wohnen!

Die Kunst mag ein Spiel sein, aber sie ist ein ernstes Spiel.

Jedes Bild ist mehr oder weniger eine Charakterstudie dessen, der es gemalt.

Die Kunst mag ein Spiel sein, aber sie ist ein ernstes Spiel.

Caspar David Friedrich

Peter Frey (* 1957),
Chef, der mit dem 2. Auge besser sieht

Journalisten sind heute wie Pfadfinder in der Informationsflut.

Louis Fürnberg (1909–1957),
Dichter mit einem Ausrutscher

Wer nicht den Mut hat traurig zu sein, / wenn ihm traurig zu Mut ist, / der hat auch nichts vom Sonnenschein, / wenn ihm gut ist.

Auch äußert sich die wahre Dichterkraft / in Wortgebräuchen aus der Landwirtschaft.

G

Sigmar Gabriel (* 1959),
Siggi Pop mit Blick auf politisch Höheres

Die Vermutung, die Welt funktioniere nur, wenn man 24 Stunden daran arbeitet, ist ein Irrtum.

Wer kein Gold im Boden hat, muss sich halt um das Gold in den Köpfen kümmern.

Dorit Gäbler (* 1943),
Knef liebende Marlene-Dietrich-Sängerin

Wenn sich in Deiner Beziehung zu viele Banalitäten anhäufen, schnapp Dir Deinen Partner und geh mit ihm fremd - das gibt der Liebe neuen Schwung...

Heiner Geißler (* 1930),
erstaunlich gewandelter christlicher Denker

Wenn der „Spiegel" ein Nachrichtenmagazin ist, dann ist der „Playboy" ein Mitteilungsblatt des Heiligen Stuhls.

Narren sind die wahren Humanisten. Sie lieben die Menschen, und nur deshalb dürfen sie ihnen auch weh tun.

Wer sich auf seinen Lorbeeren ausruht, trägt sie an der falschen Körperstelle.

Wenn die Fahne flattert, ist der Verstand in der Trompete.

Die Berühmtheit manches Zeitgenossen ist unmittelbar mit der Dummheit seiner Bewunderer verbunden.

Wer nicht tanzen kann, der schimpft auf die Musikkapelle.

Wenn die Katze ein Pferd wäre, könnte man die Bäume hinauf reiten.

Dagmar Gelbke (* 1950),
Kabarettistin in Hauptstadtnähe

Ja, und so behindert das Fußnotenbeschriften die eigentliche Arbeit am Thema.

Eduard Franz Genast (1797–1866),
Theatermacher

Es gibt Dichter, die schon bis an die Grenze des Schicklichen gehen; wird diese von dem Schauspieler überschritten, so kann ein vortreffliches Werk vernichtet werden.

Es ist die Pflicht eines jeden Schauspielers, den edlern Teil des Publikums im Auge zu haben, nicht den rohen.

Hans-Dietrich Genscher (* 1927),
weltgewandter Gelbgewandteter

Was die Kosmetik für die Damen, ist der Regierungssprecher für die Regierung.

Wenn ich zu entscheiden hätte, ob wir eine Regierung ohne Zeitungen oder Zeitungen ohne eine Regierung haben sollten, würde ich ohne Zögern das letztere vorziehen.

Die Welt ist eine Überlebensgemeinschaft.

Stefan George (1868–1933),
Dichter um der Dichtung willen

Wenn ein Hund die Peterskirche anp…, so bleibt sie darum doch, was sie ist.

In der Jugend hat man die meisten Grundsätze, aber auch die meisten Gründe, sie zu verraten.

Wenn wir alle Fremdwörter, auch die eingewurzelten, wegließen, so bliebe vieles Leere ungesagt.

Robert Gernhardt (1937–2006),
Pate aller qualitätsbewussten Humoristen

Den fünf Genres Horror, Porno, Melodram, Spannung und Komik entsprechen fünf Körperausscheidungen: Erbrochenes, Sperma, Tränen, Schweiß und Urin. Und jedes Genre will eine dieser Ausscheidungen herbeiführen: Das Melodram will Tränen, der Porno Sperma, der Horror das Erbrechen, die Spannung den Schweißausbruch. Die Komik will zweierlei: Entweder soll sich der Mensch vor Lachen bepissen oder Tränen lachen. Das ist der Unterschied zur Hochkunst: Alle fünf Genres wollen den Konsumenten eindeutig außer Gefecht setzen.

(SPIEGEL 9/2006)

Ernst Christian August von Gersdorff (1781–1852),
Goethes diplomatischer Ersatz beim Wiener Kongress

Man findet nie Freunde, wenn man darauf ausgeht, sie zu finden; sie kommen ungesucht.

Walter Giller (1927–2011),
fröhlicher Tiller-Mann

Es ist klar, dass Frauen zum Anziehen länger brauchen als Männer, denn in den Kurven müssen sie mit dem Tempo heruntergehen.

Im Fernsehen gibt es fixe Regeln. In den Western gewinnen immer die Guten, in den Nachrichten immer die Bösen.

Winfried Glatzeder (* 1945),
Paul-Spieler und Dschungelcamper

Jeder, der versucht, sich intensiv mit seinem Leben zu beschäftigen, wird merken, dass die Festplatte im Gehirn sehr komplex arbeitet.

Wir haben uns in einen Zustand von 40-Jährigen gebeamt und sind hinterher erschöpft als 80-Jährige von der Bühne gewankt. Aber wir hatten einen zweistündigen Orgasmus.

Altern ist absolute Scheiße. Der dritte Akt ist die größte Katastrophe des Lebens.

Wenn man einige Monate die Zeitungen nicht gelesen hat und man liest
sie alsdann zusammen, so zeigt sich erst,
wie viel Zeit man mit diesen Papieren verdirbt.

Johann Wolfgang von Goethe

Valéry Giscard d'Estaing (* 1926),
französischer Staatspräsident aus Koblenz

Europa ohne Griechenland wäre wie ein Kind ohne Geburtsurkunde gewesen.

Johann Wolfgang von Goethe (1749–1832),
allseitig gebildete Weimarische Persönlichkeit

Wenn man alle Gesetze studieren sollte, so hätte man gar keine Zeit, sie zu übertreten.

Getretener Quark wird breit – nicht stark.

Gern hören wir alle gute Lehr, / Doch Schmähen und Schimpfen noch viel mehr.

Mancher klopft mit dem Hammer an der Wand herum und glaubt, er treffe jedes Mal den Nagel auf den Kopf.

Gewissen Geistern muss man ihre Idiotismen lassen.

Wenn die Affen es dahin bringen könnten, Langeweile zu haben, so könnten sie Menschen werden.

Das Schönste an Kindern ist doch die Nacht, / Da wir sie der lieben Frau gemacht.

Wenn man einige Monate die Zeitungen nicht gelesen hat und man liest sie alsdann zusammen, so zeigt sich erst, wie viel Zeit man mit diesen Papieren verdirbt.

Schlagt ihn tot, den Hund! Er ist ein Rezensent.

Johann Wolfgang von Goethe

Es ist gar viel Dummes in den Satzungen der Kirche. Aber sie will herrschen, und da muss sie eine bornierte Masse haben, die sich duckt, und die geneigt ist, sich beherrschen zu lassen.

Schlagt ihn tot, den Hund! Er ist ein Rezensent.

Nichts ist widerwärtiger als die Majorität.

Ich hasse Pfuscherei wie die Sünde, besonders aber die Pfuscherei in Staatsangelegenheiten, woraus für Tausende und Millionen nichts als Unheil hervorgeht.

Neuere Poeten tun zu viel Wasser in die Tinte.

Im Deutschen lügt man, wenn man höflich ist.

Auguste Götze (1840–1906),
Schriftstellerin mit Bühnenvergangenheit

Nur kein Blaustrumpf!

Franz Grillparzer (1791–1872),
Dramatiker mit Wiener Schmäh

Erträglich ist der Mensch als einzelner, im Haufen steht die Tierwelt gar zu nah.

Eifersucht ist eine Leidenschaft, / Die mit Eifer sucht, was Leiden schafft.

Wenn man der Tugend die Tür öffnet, drängt sich das Laster mit ein.

Der Verstand und die Fähigkeit ihn zu gebrauchen, sind zweierlei Fähigkeiten.

Mein Freund, Sie sind ein Bösewicht! / Zwar gar so böse sind Sie nicht, / Drum bleiben einfach wir beim Wicht.

Moral ist ein Maulkorb für den Willen, Logik ein Steigriemen für den Geist.

Die Ungebildeten haben das Unglück, das Schwere nicht zu verstehen, dagegen verstehen die Gebildeten häufig das Leichte nicht; was ein noch viel größeres Unglück ist.

Am lautesten singen immer die, die falsch singen.

Die verfolgte Unschuld
Was gebt ihr der Regierung Schuld
Und klagt sie schmähend an?
Unschuldig ist sie ganz und gar:
Sie hat ja – nichts getan!
Musikalisch

Ein Dilettant freut sich zu Haus
An seinem eigenen Geklimper
Doch tritt seine Kunst in die Welt hinaus
Veredelt er sich zum Stümper.

An Hegel gerichtet
Was mir an deinem System am besten gefällt?
Es ist so unverständlich wie die Welt.

Herbert Grönemeyer (* 1956),
millionenfacher Plattenverkäufer

Ruhe gibt's genug nach dem Tod.

Lache, wenn's nicht zum Weinen reicht.

Walter Gropius (1883–1963),
geradliniger Architekt

Bunt ist meine Lieblingsfarbe.

Spezialisten machen immer die gleichen Fehler.

Standardformen, die nicht ununterbrochen überprüft und erneuert werden, veralten.

Fritz Grünbaum (1880–1941),
Beherrscher des Leichten, das schwer zu machen ist

Für mich ist Denkmal ein lebenslanger Imperativ, der aus zwei Wörtern besteht.

Wahrheit ist die Lüge, die lange Beine hat.

Jörg Gudzuhn (* 1945),
vielbeschäftigter fast letzter Zeuge

Schauspieler haben als Schauspieler keine Freunde.

Leider ist es eben so, dass man durch eine Winzigkeit im Fernsehen viel bekannter wird, als durch jahrelange Theaterarbeit.

Gerhard Gundermann (1955–1998),
Braunkohle baggernder Liedermacher

Wenn wir traditionell Energie gewinnen, indem wir Heimat verheizen, ist Wärme gewonnen, aber Heimat verloren.

Meine Heimatflagge: Schwarzrotgrünhammersicheläh-renkranz.

Der Optimist glaubt, dass er die Welt verändert, indem er in sie eingreift. Die Esoteriker sagen, dass man die Welt verändert, indem man sich ändert. Ich glaube, dass ich mich ändern kann, das macht mich optimistisch.

Rede nie schlecht von deinem Auto, solange es dich hören kann.

Karl Gutzkow (1811–1878),
frührealistischer Jungdeutscher

Sage mir, wer dich liest, dann sag' ich dir, was du bist.

Eine Mittelmäßigkeit, an die wir uns bereits gewöhnt haben, ist immer im Vorteil gegen ein Talent, das wir erst kennen lernen müssen.

Klatschsucht ist oft ein respektabler und liebenswürdiger Mitteilungsdrang, dem es leider am würdigen Stoff gebricht.

Michael Gwisdek (* 1942),
Lubitsch-Preis-Träger

Heiner Müller hat gesagt: Arbeit, die Spaß macht, ist keine. Na, dann habe ich noch nie gearbeitet.

Wenn alle Menschen depressiv werden sollten und sich umbringen, bin ich derjenige, der das Licht ausmacht.

Gregor Gysi (* 1948),
linker Oppositioneller mit Mitte-Drang

Kopf hoch - nicht die Hände.

Das Licht am Ende des Tunnels kann auch ein entgegenkommender Zug sein.

Ein Linker muss nicht arm sein, ein Linker muss gegen Armut sein.

Die beste Staatssicherheit ist immer noch die Rechtssicherheit.

Wenn wir in einen westdeutschen Landtag einziehen, verändern wir Deutschland, wenn wir in Bayern einziehen, verändern wir die Welt.

H

Nina Hagen (* 1955),
Punk-Röhre mit außerirdischen Kontakten

Männer und Schweine haben immer etwas zu grunzen.

Ich erziehe meine Tochter antiautoritär, aber sie macht trotzdem nicht, was ich will.

Gerhart Hauptmann (1862–1946),
naturalistischer Theater-Realist

Politik in der Kirche gibt den denkbar übelsten Missklang und verbreitet die widerlichsten Gerüche.

Ob ein Mensch klug ist, erkennt man am besten an seinen Fragen.

Die Formel für Karriere lautet: die rechte Phrase am rechten Platz.

Es gibt produktive Irrtümer und unproduktive Wahrheiten.

Ezard Haußmann (1935–2010),
Schauspieler-Vater

Angst vorm Tod muss man nicht haben – nur vorm Sterben.

Ernst R. Hauschka (1826–2012),
Kurzknappundgut-Formulierer

Der Verstand ist wie eine Fahrkarte: Sie hat nur dann einen Sinn, wenn sie benutzt wird.

Durch den Kaugummi wird man daran erinnert, dass der Mensch eher von einem Rindvieh als vom Affen abstammt.

Leander Haußmann (* 1959),
Schauspieler-Sohn mit Regieverpflichtung

Es gibt so viele Beispiele extremer Fehlurteile, die erst die Zeit korrigiert hat: Hitler wurde gewählt, van Gogh hat kein einziges Bild verkauft…

Die DDR bestand nicht nur aus Stasi und Verfolgten, sondern da war noch etwas dazwischen. Und dieses Etwas machte 90 Prozent der Bevölkerung aus.

Friedrich Hebbel (1818–1863),
dänisch-deutscher Bühnentexter

Jedenfalls ist es besser, ein eckiges Etwas zu sein als ein rundes Nichts.

Beim Beten und Rasieren macht der Mensch ein gleich andächtiges Gesicht.

Ein Mädchen vor dem Spiegel ist die Frucht, die sich selber isst.

Das Wort Wenn ist das deutscheste aller deutschen Worte.

Die Höhe der Kultur ist die einzige, zu der viele Schritte hinaufführen und nur ein einziger herunter.

Humor ist Erkenntnis der Anomalien.

Dieter Thomas Heck (* 1937),
Schlager liebender Schnellsprecher

Ein Pessimist ist ein Mensch, der, wenn er die Wahl zwischen zwei Übeln hat, beide nimmt.

Lampenfieber ist nichts anderes als Achtung vor dem Publikum.

Georg Wilhelm Friedrich Hegel (1770–1831),
idealistischer Philosophie-Logiker

Wem Gott ein Amt gibt, dem gibt er auch Verstand – ist ein alter Scherz, den man wohl in unseren Zeiten nicht gar für Ernst wird behaupten wollen.

Wenn die Tatsachen nicht mit der Theorie übereinstimmen – umso schlimmer für die Tatsachen.

Schweigen ist eine wesentliche Bedingung für jede Bildung und jedes Lernen.

Im Wein liegt Wahrheit – und mit der stößt man überall an.

Schweigen ist eine wesentliche Bedingung für jede Bildung
und jedes Lernen.

Georg Wilhelm Friedrich Hegel

Heinrich Heine (1797–1856),
lachender Poet mit weinendem Auge

Man preist den dramatischen Dichter, der es versteht, Tränen zu entlocken. Dieses Talent hat auch die kümmerlichste Zwiebel, mit dieser teilt er seinen Ruhm.

Ich habe alle Sorten Deutsch studiert – sächsisch Deutsch, schwäbisch Deutsch, fränkisch Deutsch – aber unser Zeitschriftendeutsch macht mir die meisten Schwierigkeiten.

Es gibt nichts Stilleres als eine geladene Kanone.

Es ist mehr Verwandtschaft zwischen Opium und Religion als sich die meisten Menschen träumen lassen.

Das ist schön bei uns Deutschen; keiner ist so verrückt, dass er nicht einen noch Verrückteren fände, der ihn versteht.

Die Freiheit der Meinung setzt voraus, dass man überhaupt eine hat.

Ein Kluger bemerkt alles. Ein Dummer macht über alles eine Bemerkung.

Gott hat die Esel geschaffen, damit sie dem Menschen zum Vergleich dienen können.

Neben jeder Krippe, worin ein Heiland, eine welterlösende Idee den Tag erblickt, steht auch der Ochse, der ruhig frisst.

Michael Heltau (* 1933),
deutscher Österreicher

Im Bühnenberuf muss man riskieren, bei Lebzeiten ein paar Mal vergessen und bei Lebzeiten ein paar Mal wiederentdeckt zu werden.

Friedhelm Hengsbach (* 1937),
sozialethischer Jesuit

Wenn die Moral nicht in ökonomische Kategorien übersetzt wird, dann bringt es nichts. Moral muss einen Preis bekommen.

Johann Gottfried Herder (1744–1803),
Dichter und Denker

Gewöhnlich hält man nichts von geringerem Werth als Sprüche; wie bald, denkt man, ist ein Spruch gesagt!

Wehe unserer Sprache, wenn Fremdwörter ein Muster des Geschmacks würden.

Weise Männer bedürfen minder der Könige Freundschaft, als der König des Rats weiser Männer bedarf.

Nur der Feige ist ein geborener Knecht.

Durch das Vergrößerungsglas betrachtet man die Vorzüge derer, die man liebt, und die Fehler derer, die man nicht liebt.

Der Mensch soll nicht vernünftiger, er soll menschlicher werden.

Gott sortiert Gebete sicherlich nicht nach Konfessionen.

Schätze den Hund nicht nach den Haaren, sondern nach den Zähnen.

Die größten Veränderungen sind immer von Halbwahnsinnigen bewirkt worden.

Ursula Herking (1912–1974),
Münchner Lach- und Schieß-Gesellschaftlerin

Männer sind die geborenen Sucher; am liebsten suchen sie das Weite.

Menschen sind wie Schallplatten – nur gut aufgelegt kommen sie über die Runden.

Ein Mensch mit Humor trinkt den Kakao, durch den er gezogen wird.

Matthias Horx (* 1955),
Zukunftsforscher

Wahres Wissen ist analog und bleibt ein Fels in der Brandung digitaler Verwahrlosung.

Stephâne Hessel (1917–2013),
wirksam aktiver Mensch

Empört Euch!

Frech sein ist ein guter Anfang, um nachzudenken – aber ein schlechtes Ende, um effektiv zu sein.

Tatsächlich empfinde ich sogar die Demokratie als eine aufrichtige Ideologie.

Gerd W. Heyse (* 1930),
Sentenzen-Entdecker

Beim Lachen entblößt man die Zähne, beim Lächeln die Seele und beim Grinsen den Charakter.

Das große Maul ist mit den Händen faul.

Das Haus des Moralpredigers steht in der geistigen Einöde.

Dieter Hildebrandt (1927–2013),
Peter Ensikat des Westens

Meinungen sind wie Grundstücke: Erstens sind sie zu teuer, und zweitens kann man nicht immer darauf bauen.

Es ist heute leicht, Prophet zu sein, denn es trifft alles ein, was man befürchtet.

Es ist beruhigend festzustellen, dass die, die uns regieren, eigentlich gar kein Volk brauchen.

Beamte des höheren Dienstes erkennt man nicht an ihrer Tätigkeit, sondern mehr an der Art, wie sie die Spuren ihrer Tätigkeit verwischen.

Der Fußballfanatismus ist eine europäische und sogar weltumspannende Geisteskrankheit.

Der Computer rechnet mit allem - nur nicht mit seinem Besitzer.

Nach jedem Verbrechen wird der Täter der Polizei übergeben – das Opfer der Presse. Es ist nicht sicher, wer damit härter bestraft ist.

Was wir uns alles im Fernsehen so anschauen, gibt es dafür nicht so etwas wie ein Verwundetenabzeichen?

Rolf Hochhuth (* 1931),
nicht nur „Wessis in Weimar"-Dramatiker

Demokratie und Wissenschaft können den schönsten Krieg verderben.

Wir tun so viel, um so wenig zu denken.

Satte Sklaven sind die eifrigsten Verteidiger der Unfreiheit.

Erkenne dich selbst – um Gottes Willen! Wer ist so gesund, sich das leisten zu können?

Wie klein ist das, was jeder ist, wenn man's an seinem Dünkel misst.

Erfolge, Schönheit, Applaus locken Unfälle, Krankheiten, Frauen und Politik an.

Friedrich Hölderlin (1770–1843),
wahnsinnig guter Dichter

Der Mensch ist ein Gott, wenn er träumt, ein Bettler, wenn er nachdenkt.

Wer weiß, was er will, der hat schon die halbe Arbeit getan.

Aber schön ist auch die Zeit des Erwachens, wenn man nur zur Unzeit uns nicht weckt.

Hans Hoffmeister (* 1948),
chefredaktioneller Anreger

Der Glaube an den eigenen Satz von gestern ist doch der entscheidende Irrglaube.

Harmonie ist mir suspekt.

Auch einen schlechten Ruf muss man sich erarbeiten.

Ich mag Distanz nicht. Ich mag es lieber direkt!

Wolfgang Hohlbein (* 1953),
fantasyvoller Autor

Aber dass ich mir eine bessere Welt erträume, heißt ja nicht, dass ich die, in der ich lebe, so schlecht finde.

Wenn man Träume vor die Tür stellt, fangen sie an zu rosten.

Bodo Hombach (* 1952),
Medienmanager

Man könnte den lieben Gott zum Präsidenten der EU-Kommission machen. Das würde nur dazu führen, dass die Erschaffung der Welt nicht mehr sechs Tage, sondern acht Jahre braucht.

Erich Honecker (1912–1994),
Mauerspezialist

Die Berliner Mauer ist ein Jahrhundertbauwerk.

Vorwärts immer, rückwärts nimmer!

Rolf Hoppe (* 1930),
stets heiserer Fast-Alles-Darsteller

Lach dich durchs Leben.

Ricarda Huch (1864–1947),
Schriftstellerin ohne Hang zu Hitler

Durch Sündigen gewinnst du Kraft, und durch gewaltsames Nichtsündigen entkräftest du dich.

Wenn wir wüssten, wie kurz das Leben ist, wir würden uns gegenseitig mehr Freude machen.

Christoph Wilhelm Hufeland (1762–1836),
humorvoller Mediziner

Das Leben verlängern heißt, es nicht zu verkürzen.

Sowohl in physischer als moralischer Hinsicht ist die Langeweile ein sehr gefährlicher Zustand.

Alexander von Humboldt (1769–1859),
naturwissenschaftlicher Weltenbummler

Wohlstand ist, wenn man mit Geld, das man nicht hat, Dinge kauft, die man nicht braucht, um damit Leute zu beeindrucken, die man nicht mag.

Die Deutschen brauchen für jede Dummheit zweihundert Jahre; hundert, um sie zu begehen, und hundert um sie einzusehen.

Die gefährlichste aller Weltanschauungen ist die Weltanschauung der Leute, welche die Welt nicht angeschaut haben.

Wilhelm von Humboldt (1767–1835),
sesshafter Alexander-Bruder und Uni-Gründer

Je weniger man zustande bringt, desto kürzer scheint das Leben.

Die wahre Heimat ist eigentlich die Sprache. Sie bestimmt die Sehnsucht danach, und die Entfremdung vom Heimischen geht immer durch die Sprache am schnellsten und leichtesten, wenn auch am leisesten vor sich.

Das Setzen ins Gleichgewicht wird oft nur dadurch erreicht, dass man viel Schmerz, physischen und moralischen, in sein Dasein mit aufnimmt.

Diejenige Regierung ist die beste, die sich überflüssig macht.

Bilde dich selbst, und dann wirke auf andere durch das, was du bist.

Johann Nepomuk Hummel (1878–1837),
Komponist und Pfennigwertschätzer

Ja, Ihr verfluchten Kerle von Verlegern, wie könntet Ihr denn solche Soupers geben, wenn wir armen Komponisten nicht wären?

I

August Wilhelm Iffland (1759–1814),
bedeutender Schauspieler mit Ring-Weitergabe

Ehret die Rechte der Natur, folgt dem Zug der Liebe, so bedürft ihr keiner Gesetze.

Otmar Issing (* 1936),
praktischer Wirtschaftstheoretiker

Wir sind immer hellwach, können aber nicht hellsehen.

J

Friedrich Heinrich Jacobi (1743–1819),
reformerischer, liberaler Illuminat

Der Despotismus ist bequemer als die Freiheit, wie das Laster bequemer als die Tugend ist.

Karoline Jagemann (1777–1848),
herzoglich geschützte Schauspielerin

Ich glaube auch nicht, dass ihn (*Goethe*) meine Akquisition besonders angenehm war, denn meine Stellung, mein Talent und meine Neigung entzogen mich der sklavischen Unterwürfigkeit, in der er die Theaterdamen sich gegenüber zu sehen wünschte.

Wolfgang Joop (* 1944),
Hüllengestalter

Oberfläche, wie schön!

Seit Mode so modern geworden ist, ist sie nicht mehr modern.

Man sollte in Gelddingen nur auf Leute hören, mit denen man auch ins Bett gehen würde.

Wenn du nicht mehr kriechen kannst, brauchst du auch nicht mehr mit dem Arsch zu wackeln.

K

Margot Käßmann (* 1958),
Protestantin mit Spiritus

Das Einzige, worauf ich beim Papst neidisch bin, ist, dass er ganz offiziell im Dienst rote Schuhe tragen kann.

Wer an einen Gott glaubt, der die Welt trägt, kann doch nicht legitimieren, dass andere getötet, das Schöpfung Gottes damit zerstört wird.

Krieg ist für mich nicht ultima ratio, weil ratio Vernunft heißt.

Franz Kafka (1883–1924),
angehimmelter Schriftsteller

Ein Buch muss die Axt sein für das gefrorene Meer in uns.

Die Fesseln der gequälten Menschheit sind aus Kanzleipapier.

Die Menschheitsentwicklung – ein Wachsen der Sterbenskraft.

Charlotte von Kalb (1761–1843),
Schiller-Verehrerin

Manche Leute reisen, um Neues zu sehen; aber sie sehen das Neue leider immer mit alten Augen.

Wassily Kandinsky (1866–1944),
Farbartist

Es ist besser, den Tod für das Leben zu halten, als das Leben für den Tod.

Inge Keller (* 1923),
deutsche Theaterkönigin

Man sollte als Schauspieler nicht klüger sein als das Komma oder der Doppelpunkt oder ein Gedankenstrich.

Hellmuth Karasek (* 1934),
Literatur-Liebhaber

Ich habe mir fest vorgenommen, mich nicht unter meinem Niveau zu ärgern.

Alle Räder stehen still, wenn meine Kehle es so will.

Die Kunst des Erzählens besteht darin, eine Katze mit maximalem Effekt aus dem Sack zu lassen.

Bernd Kauffmann (* 1944),
Kämpfer für eine kulturvolle Kulturstadt

Es wird der Annahme widersprochen, der Thüringer verwandle sich schon nach wenigen Minuten Bratwurst-Entzug auf ausgegrenzten Gebieten in ein schrumpliges Trockenbrötchen.

Necla Kelek (* 1957),
Publizistin mit Migrationshintergrund

Der Tschador macht die Frauen zu einem entpersönlichten Nichts.

Heinz Knobloch (1926–2003),
fleißiger Feuilletonist

Wenn man schon polytechnisch nicht viel taugt, dann sollte man wenigstens polymenschlich einiges wissen.

Imre Kertész (* 1929),
nobelierter Literat

Mich interessiert die Literatur nicht. Literatur ist eine zweitrangige Angelegenheit.

Mein einziger Fehler ist der, dass ich nicht zur rechten Zeit über meinen Tod verfügt habe. Ich kann das jetzt nicht mehr ändern.

Paul Klee (1879–1940),
Farbsucher

Ebenso relativ wie hell und dunkel ist die Schönheit. So gibt es keine schöne Frau, überhaupt keine, weil man nie sicher ist, dass nicht eine noch viel schönere auftritt, die die vermeintliche Schönheit der ersten ganz zuschanden macht.

Der Glückliche, das ist ein halber Idiot, dem alles gedeiht und Früchte trägt.

Das Genie ist der Fehler im System.

Heinrich von Kleist (1777–1811),
Glück suchender literarischer Außenseiter

Im Recht zu sein, kann vor Gericht zum entscheidenden Nachteil werden.

Journalistik ist die Kunst, das Volk glauben zu machen, was die Regierung für gut findet.

Die zahllosen Krankheiten wundern dich? Zähle die Ärzte!

Nachruhm! Was ist das für ein seltsames Ding, das man erst genießen kann, wenn man nicht mehr ist?

Friedrich Maximilian Klinger (1752–1831),
Sturm-und-Drang-Dramatiker

Der Mensch ist das einzige Tier, das sich für seine Vorfahren interessiert.

Wer nur Schlechtes von den Menschen zu sagen weiß, der ist wenigstens insofern ehrlich, dass er uns zeigt, er rede nur nach Beobachtungen an sich selbst.

Einem Unerfahrenen Lebensregeln geben, heißt einem Ungeübten Unterricht im Fechten durch Zuschauen geben.

Karl Ludwig von Knebel (1744–1834),
des Geheimrats Urfreund

Ist doch, wie ihr uns sagt, der Mensch zur Erziehung geboren; warum geht er denn meist schlechter davon, als er kam?

Die Vorurteile hängen den Menschen an, wie das Moos den Bäumen. Wer sie mit Gewalt auskratzen wollte, würde dem Baume schaden.

Herbert Köfer (* 1921),
Leichte-Muse-Mime

Narren machen Menschen glücklich. Allerdings nur auf der Bühne, nicht in der Politik.

Zeitzeugen gehen mit der Zeit.

Horst Köhler (* 1943),
zeitweilig bundespräsidialer Geldbeweger

Es ist die Leistung der Menschen, die den Staat zusammenhalten, und nicht die Leistung des Staates, die Menschen zusammenzuhalten.

Kinderlärm muss uns als Zukunftsmusik erscheinen.

Wolfgang Kohlhaase (* 1931),
ausgezeichneter Drehbuchautor

Nichts kann ein Buch so wichtig machen wie die Wahrheit, nach der man sucht.

Pavel Kohout (* 1928)

Nach Freiheit sehnt sich nur, wer sie nicht hat.

René Kollo (* 1937),
schriftstellernder Tenor

Geld macht gelassener.

August von Kotzebue (1761–1819),
erfolgreicher Vielschreiber

Heiraten und Aufhängen kommen immer zu früh.

Wer sich seinen Glanz von außen holt, bei dem ist's gewöhnlich inwendig dunkel.

Jeder Mensch schafft sich seine eigene Größe. Zwerge bleiben Zwerge, auch wenn sie auf Alpen sitzen.

Der Mensch ist mit nichts in der Welt zufrieden, ausgenommen mit seinem Verstande, je weniger er hat, desto zufriedener.

Um der Schönheit willen heiraten ist ebenso viel, wie um der Rosen willen ein Landgut kaufen. Ja, das letztere wäre noch vernünftiger, denn die Rosenzeit kommt doch jährlich wieder.

Sanft sind die Weiber alle, aber nur außer dem Hause.

Gisela Kraft (1936–2010),
ortswechselnde Dichterin

ich wollte ein regal bauen, / aber ich baute einen vers, / darin viele bücher platz hatten

Heiraten und Aufhängen kommen immer zu früh.

August von Kotzebue

Georg Kreisler (1922–2011),
Wort- und Tastenvirtuose

Der Kabarettist pudert die Realität mit Arsenik.

Grabreden sind Leichenschmus.

Die einzig richtige Einstellung der heutigen Welt ist die eines gepflegten Galgenhumors.

Gabriele Krone-Schmalz (* 1949),
Russlandkennerin

Es hat nichts mit Naivität zu tun, seine Partner mit Respekt zu behandeln.

Dieter Kronzucker (* 1936),
Heute-Journal-Gründer

Wenn das Gold zu stark geputzt wird, verschwindet der Glanz.

Hardy Krüger (* 1928),
deutscher Mime mit Hollywooderfahrung

Wenn die Fehler meines Lebens Flügel hätten, könnte ich die höchsten Berge überfliegen.

Ruth Maria Kubitschek (* 1931),
bömische Deutsch-Schweizerin

Ich komme mir sehr oft veräppelt vor, wenn ich im Zuschauerraum sitze, weil ich das nicht glaube, was die da oben machen.

Hans Küng (* 1928),
katholischer Katholikenkritiker

Wer viel weiß, weiß auch, was er nicht weiß – zumindest wenn er weise ist.

Lebensstandard ist kein Ersatz für Lebenssinn.

Wenn Unternehmer nicht mehr an den Markt glauben, wären sie keine Unternehmer, sondern Funktionäre. Wer aber nur an den Markt glaubten, wären abergläubisch.

Günter Kunert (* 1929),
staatsuntreuer Autor

Um reich zu werden, muss man viel Geld haben.

Und der Dichter sprach: Um dieses Werk habe ich gerungen! – Schade, möchte man sagen, dass nicht der andere gewonnen hat.

Was ungenutzt, soll man verschenken. Wie beispielsweise sein Gehirn.

Harry Kupfer (* 1935),
Operninterpretierer

Es gibt ehrliches Regie-Theater und es gibt die Scharlatanerie.

Die Entstehung menschlicher Intelligenz enthält bereits den ersten Schritt zum Untergang der Schöpfung.

L

Oskar Lafontaine (* 1943),
nach links gedrifteter Sozialdemokrat

Helmut Schmidt spricht weiter von Pflichtgefühl, Berechenbarkeit, Machbarkeit, Standhaftigkeit. Das sind Sekundärtugenden. Ganz präzis gesagt: Damit kann man auch ein KZ betreiben.

Meine Vision: Umweltwehr statt Bundeswehr.

Wer sich für unersetzlich hält, ist entsetzlich.

Ein Populist trifft die Stimmung des Volkes. Populistisch ist besser als unpopulär sein und am Volk vorbeireden.

Ein hungriger Bauch hat keine Ohren.

Karl Lagerfeld (* 1933),
Mode machender Ironiker

Es tut mir leid: Was ich sage, ist nur gültig, wenn ich es gerade sage.

Eine Frau ohne Stil hat auch in einem Kleid mit Stil keinen Stil.

Wer eine Jogginghose trägt, hat die Kontrolle über sein Leben verloren.

Wer gestresst ist, macht etwas falsch. Den amüsiert seine Arbeit nicht.

Solange wir Fleisch essen, können wir uns nicht über Pelze beschweren.

Ich finde es besser, wenn sich die Leute im Grab umdrehen, als ewig zu ruhen.

Volker Lechtenbrink (* 1944),
vielfältige Reibeisen-Stimme

Das Leben ist nicht immer Eierkuchen.

Daniel Libeskind (* 1946),
Entwerfer moderner Häuser

Auch mit einem kleinen Bau können Sie die Nachbarschaft verändern.

Jakob Michael Reinhold Lenz (1751–1792),
Begeher einer ominösen „Eseley"

Wenn keine Narren auf der Welt wären, was wäre die Welt?

Größenwahn bewirkt, dass ich mich selbst viel besser akzeptieren kann.

Max Liebermann (1847–1935),
berühmter brechwilliger Maler

Ich kann gar nicht soviel essen, wie ich kotzen möchte.

Ich bin mit der Kunst nicht verheiratet, ich habe ein Verhältnis mit ihr.

Die gut gemalte Rübe ist besser als die schlecht gemalte Madonna.

Ich bin immer noch der Meinung, dass Kunst von Können herkommt; käme es von Wollen, hieße sie Wulst.

Detlev von Liliencron (1844–1909),
Dichter mit Brettl-Trieb

Manches Vergnügen besteht darin, dass man mit Vergnügen darauf verzichtet.

Bei jedem Verlassen des »Sie« hört jede Keuschheit auf. Das »Du« ist stets der Anfang der Brutalität.

Man muss nie von sich auf andere schließen: es gibt auch einige anständig denkende Menschen.

Ich kann nicht in den Hafen der Ehe einlaufen. Ich muss mich leider mit einer Hafenrundfahrt begnügen.

Ist der Humor verloren, ist alles verloren.

Jutta Limbach (* 1934),
bundesverfassungsgerichtliche Juristin

Auch dumme und ignorante Satire ist erlaubt.

Eine Feministin ist eine Frau mit einem begnadeten Selbstbewusstsein.

Udo Lindenberg (* 1946),
Sänger, Texter, Maler mit spirituoser Hilfe

Natürlich können Drogen die künstlerische Arbeit befeuern, das weiß man von Goethe, Freud, Bukowski und vielen anderen. Aber die haben eben auch die Regel befolgt: Im Rausch schreiben, nüchtern gegenlesen.

Erich Loest (1926–2013),
sächsischer Gesamtdeutscher

Bis 30 ist man für seine Fehler weniger verantwortlich. Danach sollte man Bescheid wissen.

Ich kann nicht in den Hafen der Ehe einlaufen.
Ich muss mich leider mit einer Hafenrundfahrt begnügen.

Detlev von Liliencron

Franz Liszt (1811–1886),
genialer Pianist und Tonsetzer

Wenn auch anzunehmen ist, alles sei bereits gesagt, so darf man doch keineswegs folgern, dass auch alles gehört und verstanden ist.

Wenn ich noch einmal eine Frau entführen sollte, würde ich den Gatten mitnehmen.

Jeder einzelne im Publikum ist ein Esel, aber alle zusammen sind sie die Stimme Gottes.

Meine Herren, bitte spielen sie doch etwas blauer.

Fritz Löhner-Beda (1883–1942),
Schlager- und Buchenwaldlied-Texter

Der Gatte aber, au contraire, / der war schon alt und konn't nicht mehr, / tirili tirila, die kleine Frau bewachen. / Da pfiff sie auf die Sittsamkeit / und machte sich 'nen Schlitz ins Kleid / und fuhr hinab nach Theben, / um dort sich auszuleben. / Denn Theben ist für Memphis, / das, was Lausanne für Genf ist.

Martin Luther (1483–1546),
wortgewaltiger Kirchenumkrempler

Wenn ich einen Furz lasse, soll man es bis Rom riechen.

Die Arznei macht kranke, die Mathematik traurige, die Theologie sündhafte Menschen.

Wenn ich noch einmal eine Frau entführen sollte,
würde ich den Gatten mitnehmen.

Franz Liszt

Iss, was gar ist, trink, was klar ist, red, was wahr ist.

Lieber Ratten im Keller als Verwandte im Haus.

Aus einem verzagten Arsch kommt kein fröhlicher Furz.

Wenn Gott keinen Spaß verstünde, so möchte ich nicht in den Himmel.

Ein Rausch ist zu ertragen, die Trunkenheit aber nicht.

Armut ist in der Stadt groß, aber die Faulheit viel größer.

Rosa Luxemburg (1871–1919),
Internationalistin mit Herz und Verstand

Ich bleibe dabei, dass der Charakter einer Frau sich nicht zeigt, wo die Liebe beginnt, sondern wo sie endet.

Einfach und schlicht gut sein, das löst und bindet alles und ist besser als alle Klugheit und Rechthaberei.

Die politische Freiheit hat das Volk nicht vor sozialer Ungerechtigkeit bewahrt.

Freiheit ist immer nur die Freiheit des anders Denkenden.

M

Stephan Märki (* 1955),
Schweizer Teilzeit-Weimarer

Fußball und Theater haben erstaunlich viel gemeinsam.

Alma Mahler-Werfel (1879–1964),
inspirierende Mehrfach-Gattin

Es gibt soviel Böses, dass sich zu tun verlohnte.

Trennung macht sehend.

Die Ehe – die vom Staat sanktionierte Tyrannei.

Jeder Mensch kann alles – aber er muss auch zu allem bereit sein.

Dieter Mann (* 1941),
deutscher Theatermensch

Ich hasse es, wenn uns jemand die Welt verkleinern will.

Thomas Mann (1875–1955),
literaturnobilierter Schillerverehrer

Lieber eine schlechte Aktie zum richtigen Zeitpunkt als eine gute zum falschen.

Es ist schwer, es zugleich der Wahrheit und den Leuten recht zu machen.

Ironie heißt, aus einer Not eine Überlegenheit machen.

Wer immer nur geliebt wird, ist ein Trottel.

Sei am Tage mit Lust bei den Geschäften, aber mache nur solche, dass du des Nachts ruhig schlafen kannst.

Das Positive am Skeptiker ist, dass er alles für möglich hält.

Das Glück kommt zu denen, die es erwarten. Nur müssen sie die Tür auch offen halten.

Wir finden in den Büchern immer nur uns selbst. Komisch, dass dann allemal die Freude groß ist und wir den Autor zum Genie erklären.

Marie-Luise Marjan (* 1940),
Mutter Beimer der Nation

Die Zeiten werden schlechter, die Serien müssen heller werden.

Was vor Mitternacht nicht passiert ist, passiert auch nicht danach.

Du sollst doch im Bett bleiben, Klausi!

(erster Mutter-Beimer-Satz in der „Lindenstraße")

Eva Mattes (* 1954),
skandalerprobte Unskandalöse

Meine Phobie geht so weit, dass der Regisseur nicht mal „Schuss“ rufen darf, wenn jemand schießt. Er ruft „Butterblume“.

Ulrich Matthes (* 1959),
Hirn nutzender Mime

Bei Kleist kann man zum Beispiel sehr gut lernen, wie kostbar ein Bindestrich ist!

Wahrscheinlich geht die Menschheit zugrunde. Und selbst wenn, wird aber ganz sicher am Vorabend noch Theater gespielt.

Jeder Theaterschauspieler geht natürlich gerne ins Kino, aber umgekehrt ist das anscheinend nicht so der Knüller.

Sagen wir mal so, der Mensch lebt, um sich selbst und ein paar Menschen in seinem näheren Umfeld ganz zufrieden zu machen.

Georg Maurer (1907–1971),
Dreistrophen-Kalender-Dichter

Die Tür zur Geliebten dreht sich in den Angeln der Welt.

Karl May (1842–1912),
sesshafter Weltenbummler

Erzähle nicht die Wahrheit, solange dir etwas Interessanteres einfällt.

Es gibt Menschen, die nicht leben, sondern gelebt werden.

Wie man den Krieg führt, das weiß jedermann; wie man den Frieden führt, das weiß kein Mensch.

Yehudi Menuhin (1916–1999),
verzaubernder Geiger

Ich bin nie erwachsen geworden – nur alt.

Freiheit ist nicht Freiheit zu tun, was man will, sie ist die Verantwortung, das zu tun, was man tun muss.

Wer an der Erziehung spart, muss mehr für Militär ausgeben, weil man Menschen erhält, auf die man sich nicht mehr verlassen kann.

Vorurteile sind keine Gedanken.

Hellen Mirren (* 1945),
Teilzeit-Queen

Sei pünktlich. Sei gewissenhaft. Habe Spaß, wenn du möchtest, und schäm dich nicht dafür.

Wie man den Krieg führt, das weiß jedermann;
wie man den Frieden führt, das weiß kein Mensch.

Karl May

Friedrich Merz (* 1955),
Bierdeckelsteuererfinder

Uns bläst der Wind von vorn ins Gesicht.

Wenn man einen Sumpf austrocknen will, darf man nicht die Frösche fragen.

In Deutschland findet die Krise im Fernsehen statt.

Franz Müntefering (* 1940),
Klare-Kante-Redner

Slalom fahren ist eine erlaubte Fortbewegungsart in der Politik – Kreisverkehr nicht.

Wenn man länger als anderthalb Stunden über Bürokratie-Abbau spricht, ist das dann Bürokratie?

In den Finanzpalästen gibt es mehr Nieten als bei den Losen der Jahrmarktbuden.

Horst Peter Meyer (* 1947)
wortgewandter Bildkünstler

Am ehesten wissen die Igel, wie der Hase läuft.

Erst der Dämlack gibt der Staatskunst ihren Glanz.

Die neue Mauer wird an der Armutsgrenze gebaut.

Wo alles möglich ist, muss das Nichts Triumphe feiern.

Adam Mickiewicz (1798–1855),
polnischer National-Dichter

Der Freiheit Gräber sind der Zukunft Wiegen.

Das Dogma ist die Bestätigung der Seele in der Vergangenheit.

Paul Morgan (1886–1936),
Wiener Berliner Kabarettgründer

Manche neuen Dichterwerke werden noch gelesen, wenn Goethe und Schiller längst vergessen sind, aber auch nicht eher.

Wir können nicht länger untätig zusehen, wie uns der Boden der Tatsachen einfach unter den Füßen vorgeflunkert wird.

Edda Moser (* 1938),
Sprache verteidigende Starsopranistin

Demut! Disziplin! Schweigen!

Du musst Dich mit den Ohren Deiner Feinde hören.

Armin Müller (1928–2005),
schreibender, malender Menschenfreund

Auch im Schweigen kann man reden, man muss nur daran gewöhnt sein und lauschen können.

Edvard Munch (1863–1944),
Schrei-Maler

Ich habe keine anderen Kinder als meine Bilder.

Für einen Künstler ist es vor allem gefährlich, gelobt zu werden.

Johann Karl August Musäus (1735–1787),
unklassischer Klassiker

Was ist Reichtum, als die Wurzel des Geizes.

Wenn ein Obelisk einmal aufrecht steht, so achtet man nicht mehr auf die Hebel und Werkzeuge, die ihn in die Höhe gehoben haben.

Was wäre das enthusiastische Volk unserer Denker, Dichter, Schweber, Seher, ohne die glücklichen Einflüsse der Phantasie?

N

Anna Netrebko (* 1971),
stimmstarke Power-Seele

Auf der Bühne kann ich alles darstellen, aber im wahren Leben ist mir Show viel zu blöd.

Friedrich Wilhelm Nietzsche (1844–1900),
auslegbarer Denker

Mancher wird nur deshalb kein Denker, weil sein Gedächtnis zu gut ist.

Durch Frauen werden die Höhepunkte des Lebens bereichert und die Tiefpunkte vermehrt.

Eitelkeit ist die Haut der Seele.

Alle Menschen, die man lange im Vorzimmer seiner Gunst stehen lässt, geraten in Gärung und werden sauer.

Gut Buch will Weile haben.

Die witzigsten Autoren erzeugen das kaum bemerkbarste Lächeln.

Die Frau: eine Falle der Natur.

Mitunter reicht schon eine stärkere Brille, um den Verliebten zu heilen.

Einige Männer haben über die Entführung ihrer Frauen geseufzt, die meisten darüber, daß sie ihnen niemand entführen wollte.

Der Mensch hat mehr von einem Affen als so mancher Affe.

Denken sie heute überhaupt noch?

Das Kunststück der Lebensweisheit ist,
den Schlaf jeder Art zur rechten Zeit einzuschieben wissen.

Novalis (1772–1801),
frühromantischer Bergbauingenieur

Wer die Wahrheit verrät, verrät sich selbst.

Echtem Scherz liegt Ernst zugrunde.

Der Mann ist lyrisch, die Frau episch, die Ehe dramatisch.

Schlafen ist Verdauen der Sinneseindrücke. Träume sind Exkremente.

Manchen fehlt es an Gegenwart des Geistes; dafür haben sie desto mehr Zukunft des Geistes.

Der Witz ist eine geistige Elektrizität – dazu sind feste Körper nötig.

Das Kunststück der Lebensweisheit ist,
den Schlaf jeder Art zur rechten Zeit einzuschieben wissen.

Friedrich Wilhelm Nietzsche

Friedrich Nowottny (* 1929),
geistreiches TV-Gesicht

Aus den Träumen von gestern werden manchmal die Albträume von morgen.

Wenn es den Politikern die Sprache verschlägt, halten sie eine Rede.

Damit unsere Sprache nicht noch mehr militarisiert wird, müssen wir aufpassen wie die Schießhunde.

O

Adam Friedrich Oeser (1717–1799),
lehrender Maler

Am meisten ist von Gott verirrt, wem frommer Ton geläufig ist.

Lorenz Oken (1779–1851),
neugieriger Mediziner

Der Mensch ist entwickelt, nicht erschaffen!

Das Auge führt den Menschen in die Welt,
das Ohr führt die Welt in den Menschen ein.

Schlafen ist Verdauen der Sinneseindrücke.
Träume sind Exkremente.

Novalis

P

Katja Paryla (1940–2013),
Theaterfrau

Man muss lachen, wenn es am schlimmsten ist.

Jean Paul (1763–1823),
Bestsellerautor mit Bierdurst

Wenigstens trägt das schöne Geschlecht in die leeren Zellen seines Gehirns, zum Ersatz für den verlorenen Gedanken, den Honigsaft aus den neuesten Magazinen.

Wer die Wahrheit geigt, dem schlägt man leicht die Fidel auf den Kopf.

Ein Deutscher ist mit Vergnügen alles, nur nicht er selber.

Bücherlesen heißt in einer geistreichen Gesellschaft sein, wo man nur zuhört und nichts beiträgt zur Unterhaltung.

Man sollte nicht Zeitvertreib, sondern Zeitgenuss sagen.

In der Jugend hält man von hinten jede für schön.

Lieber drei Bisse als ewiges Totlecken.

Schwerlich hat ein Mann je bereut, irgendeine Frau nicht geheiratet zu haben.

Die Dummheit beginnt, womit die Weisheit schließt, mit Frieden; dazwischen liegt der Krieg.

Der Hauptfehler des Menschen bleibt, dass er so viele kleine hat.

Bücher sind nur dickere Briefe an Freunde.

Tom Pauls (* 1959)
ernstzunehmender sächsischer Humorist

An allem ist das Publikum schuld.

Richard Pietraß (* 1946),
Worte wendender Wortgewandter

Die das Herz im Halse tragen
wird man in den Magen schlagen.
Die nicht singen und nicht sagen
werden hinterhergetragen.

Bernd Pischetsrieder (* 1948),
Autofan und Manager

Die Worthülsenkreativität der Politik ist enorm, der Inhalt ist es oft nicht.

Theodor Plievier (1892–1955),
kriegsmüder Kriegsbeschreiber

Die Freiheit als gesellschaftszeugendes und gesellschaftserhaltendes Prinzip erkennend, wird es klar, dass jeder Eingriff in ihre Bezirke und jede Zerstörung persönlicher oder gesellschaftlicher Freiheiten Angriffe auf den Bestand der Gesellschaft selbst darstellen.

Hermann Fürst von Pückler-Muskau (1785–1871),
Gärtenvisionär

Unter 20 Fällen macht 19 mal fester Wille und Geduld das sogenannte Unmögliche ganz über alle Erwartungen leicht möglich.

Es ist eine sehr missliche Aufgabe, Felsen zu machen.

Wenn der Park eine idealisierte Natur ist, so ist der Garten eine ausgedehntere Wohnung.

Man sollte nicht Zeitvertreib, sondern Zeitgenuss sagen.

Jean Paul

Q

Will Quadflieg (1914–2003),
Theaterpublikum-Euphorisierer

Wenn man das richtige Zitat kennt, warum soll man es dann nicht bringen?

Gute Unterhaltung ist der Versuch, die Menschen von sich abzulenken.

Nimm dich ernst, aber nicht wichtig.

R

Friedrich Wilhelm Riemer (1774–1845),
Oberbibliothekar

Schlafend gerät man in's Leben hinein und entkommt ihm auch schlafend; was in der Mitte so liegt, ist es was anderes als Traum?

Ernst Rietschel (1804–1861),
Pulsnitzer Denkmal-Entwerfer

Es ist schwer, vorwärts zu schreiten und nur sich zu sehen.

Rainer Maria Rilke (1875–1926),
lyrischer Modernisierer

Das Leben und dazu eine Katze, das ergibt eine unglaubliche Summe, ich schwör 's euch!

Ruhm ist die Summe der Missverständnisse, die sich um einen Namen sammeln.

Ein Mensch und eine hässliche Landschaft: Immer hat der Mensch die Schuld.

Die Kinder sind der Fortschritt selbst – vertraut dem Kinde.

Heinz Rühmann (1902–1994),
anpassungsfähiger Publikumsliebling

Das Lächeln ist das Kleingeld des Glücks.

Wer morgens zerknittert aufsteht, hat den ganzen Tag über viele Entfaltungsmöglichkeiten.

Leider ertrinken Sorgen nicht in Alkohol. Sie können schwimmen.

Man kann Humor nicht auftragen wie auf einem Servierteller. Der Ton macht die Musik – und der Resonanzboden muss das Herz sein.

Die Kinder sind der Fortschritt selbst – vertraut dem Kinde.

Rainer Maria Rilke

S

Rüdiger Safranski (* 1945),
klassikbegeisterter Biograf

Wer Literatur liebt, hat mindestens noch ein zweites Leben.

Todesanzeigen werden häufig mit Gedichten und Sinnsprüchen versehen, die zwar oft vorgefertigt und schabloniert sind, aber doch eines deutlich zeigen, dass der Instinkt für die Trostkraft der Literatur bei den Menschen durchaus noch vorhanden ist.

Rudolf Scharping (* 1947),
Radfahrer, Poolbader, Politiker

Es braucht schon etwas Charakter, sich als Politiker zwischen die Stühle setzen zu können.

Friedrich Wilhelm Josef Schelling (1775–1854),
philosophischer Idealist

Wäre nicht das Nein, so wäre das Ja ohne Kraft.

Der Irrtum ist nicht Mangel an Geist, sondern verkehrter Geist. Daher der Irrtum höchst geistreich und doch Irrtum sein kann.

Die Ansicht eines Weisen und den Rat eines Greisen soll man nicht von sich weisen.

Friedrich von Schiller (1759–1805),
schriftstellernder Feuerkopf

Der Mensch ist ein nachahmendes Geschöpf, / Und wer der Vorderste ist, führt die Herde.

Wer nicht genießt, wird ungenießbar.

Das Leben ist nur ein Moment, der Tod ist auch nur einer.

Der Ring macht Ehen – und Ringe sind's, die eine Kette machen.

Die schönsten Träume von Freiheit werden im Kerker geträumt.

Die Hölle ist ein Gedanke Gottes.

Mit der Dummheit kämpfen Götter selbst vergebens.

Es ist ein Schauspiel, das Tränen in deine Augen lockt, wenn es dein Zwerchfell zum Gelächter kitzelt.

Das Mädel ist schön, schlank, führt einen netten Fuß. Unterm Dach mag's aussehen, wie's will. Darüber guckt man bei euch Weibsleuten weg, wenn's der liebe Gott Parterre nicht hat fehlen lassen.

Der ganze Unterschied ist in den Röcken.

Hinter dem U kommt gleich das Weh, das ist die Ordnung im ABC.

Wer nicht genießt, wird ungenießbar.

Friedrich von Schiller

Karl Friedrich Schinkel (1781–1841),
Klassizismus verbreitender Preuße

Mode kann jeder unvernünftige Einfall werden; wo Mode vorherrscht, ist es immer ein Zeichen von Mangel an Freiheitsbildung, ist immer ein Verderben der Nationen, ein Mittel zu leerem Luxus.

Wer die Perspektive ändert, sieht die Dinge in einem ganz anderen Licht.

August Wilhelm Schlegel (1767–1845),
Deutschromantiker Nr. 1a

Nicht alle Irrtümer haben eine Ahnentafel.

Zur Popularität gelangen deutsche Schriften durch einen großen Namen, oder durch Persönlichkeiten, oder durch gute Bekanntschaft, oder durch Anstrengung, oder durch mäßige Unsittlichkeit, oder durch vollendete Unverständlichkeit, oder durch harmonische Plattheit, oder durch vielseitige Langweiligkeit, oder durch beständiges Streben nach dem Unbedingten.

Friedrich Schlegel (1772–1829),
Deutschromantiker Nr. 1b

Witzige Einfälle sind die Sprüchwörter der gebildeten Menschen.

Wie viel Autoren gibt es wohl unter den Schriftstellern? Autor heißt Urheber.

Was gute Gesellschaft genannt wird,
ist meistens nur ein Mosaik von geschliffenen Karikaturen.

Friedrich Schlegel

Je mehr man schon weiß, je mehr hat man noch zu lernen.

Was gute Gesellschaft genannt wird, ist meistens nur ein Mosaik von geschliffenen Karikaturen.

Stickluft und Langeweile entwickeln sich gern, wo eine Menge Menschen in einem geschlossenen Raum beisammen sind.

Witz ist eine Explosion von gebundenem Geist.

Man muß das Brett bohren, wo es am dicksten ist.

Dafür, daß die Frauen meistens weniger sagen, als sie meinen, tun sie bisweilen mehr, als sie wollen.

Wolfgang Spier (1920–2011),
König des Boulevard

Nichts ist doch schrecklicher, als aufhören zu müssen, nur weil man eine Altersgrenze erreicht hat.

Um Komik zu erzeugen, darf man nie versuchen, auf Deubel komm raus lustig zu sein.

Gerhard Schöne (* 1952),
Lieder machender Menschenfreund

Der Spaß muss den Ernst befruchten, und der Ernst wiederum den Spaß.

Nicht dass ich das Publikum nötigen will, aber man kann ja versuchen, Leute intelligent und witzig zu beteiligen.

Arthur Schopenhauer (1788–1860),
Denker mit ironischem Scharfblick

Das niedrig gewachsene, schmalschultrige, breithüftige und kurzbeinige Geschlecht das schöne zu nennen, konnte nur der vom Geschlechtstrieb umnebelte männliche Intellekt fertigbringen.

Heirat ist ein Entschluss, der die Rechte halbiert und die Pflichten verdoppelt.

Seitdem ich die Menschen kenne, liebe ich die Tiere.

Der einzige Mann, der wirklich nicht ohne Frauen leben kann, ist der Frauenarzt.

Genitalien sind der Resonanzboden des Gehirns.

Es gibt Kamele mit einem Höcker, und es gibt welche mit zwei Höckern, die größten Kamele aber haben keinen.

Das Leben gleicht einem Kinderhemd: Es ist kurz und beschissen.

Nichts ist leichter als so zu schreiben, daß kein Mensch es versteht.

Was aber die Leute gemeiniglich das Schicksal nennen, sind meistens nur ihre eigenen dummen Streiche.

Viele Worte zu machen, um wenige Gedanken mitzuteilen, ist überall das untrügliche Zeichen von Mittelmäßigkeit.

Zum Denken sind wenige Menschen geneigt, obwohl alle zum Rechthaben.

Der wirkliche Verdruß bei der Menschheit ist der Umstand, daß sie vom Affen abstammt und nicht vom Hund.

Friedrich Schorlemmer (* 1944),
aufmüpfiger Kirchenmann

Unsere Sprache mit ihren vorurteilsgesättigten Redewendungen verrät uns nicht nur; sie wird der Nährboden für Ausgrenzung und Gewalt.

Es ist wieder komplizierter geworden, dem Frieden das rechte Wort zu reden, wo sich Welt-Wirrnis und Wort-Wirrnis den Rang ablaufen.

Gerhard Schröder (* 1944),
Ex-Alpha-Politiker, Gasgeld-Verdiener

Eine stumme Partei ist eine dumme Partei.

Beckenbauer ist eine geglückte Mischung aus Selbstbewusstsein, Sensibilität und Bescheidenheit.

Man kann es so oder so machen. Ich bin für so.

Hans-Dieter Schütt (* 1948),
aus Schaden klug gewordener Journalist

Der Sozialismus gab vielen Leuten den Rest. Der Kapitalismus nimmt ihnen auch den noch.

Das Wichtigste für einen Abgeordneten sind die Sprechstunden. Aber wann hört er eigentlich zu?

Er hatte Respekt vor der Wahrheit: Er hielt großen Abstand zu ihr.

Lösungen gibt es viele. Leider passen sie nie zu den jeweiligen Problemen.

Clara Schumann (1819–1896),
Pianistin, 100-DM-Gesicht

Ein sich manche Chose renkt,
wenn man eine Rose schenkt.

Musik drückt aus, worüber besser geschwiegen worden wäre.

Wer gut schläft, geht besser, wer gut geht, schläft besser, doch warum können Schlafgestörte trotzdem laufen?

Robert Schumann (1810–1856),
Tonsetzer voller Romantik

Wenn alle die erste Geige spielen wollen, kommt kein Orchester zusammen.

Eben sehe ich, dass Ehe ein sehr musikalisches Wort ist und zugleich eine Quinte.

Ein rechter Meister zieht keine Schüler, sondern eben wiederum Meister.

Die Musik reizt die Nachtigallen zum Liebesruf, die Möpse zum Kläffen.

Gustav-Adolf Schur (* 1931),
Täve

Der Mensch bewegt sich nicht weniger, weil er alt wird. Er wird alt, weil er sich weniger bewegt.

Gesine Schwan (* 1943),
politische Wissenschaftlerin

Liebes Deutschland, hab' ein bisschen mehr Humor!

Stefan Schwarz (* 1956),
unterhaltsamer Kolumnist

Ich kann nicht, wenn die Katze zuschaut.

Hanna Schygulla (* 1943),
Fassbinder-Muse

Wenn die Verzweiflung der Nährboden der Kunst ist, dann pfeife ich auf die Kunst.

Ich lehne es ab, das Alter wegoperieren zu lassen. Eine Frau kann im Alter ihre zweite oder dritte Schönheit entfalten.

Horst Seehofer (* 1949),
bayrischer Popular-Politiker

In der Bibel steht geschrieben: Die Feinde soll man so lieben wie die Freunde. Vermutlich weil es sich um den gleichen Personenkreis handelt.

Hellmut Seemann (* 1953),
sinn- und unruhestiftender Präsident

Dies Nach-hinten-Verstehen gehört zum Leben dazu. Es ist für dieses nicht nur nützlich, sondern unabdingbar. Dieser Selbstverständigungsprozess des Menschen, menschlicher Gesellschaften, ganzer Epochen hat für Deutsche einen Namen. Der Name ist Weimar.

Wie bekannt, gibt es in Weimar eigentlich nur große Persönlichkeiten. Je kleiner Weimar, desto größer die Persönlichkeiten.

Weimar ist groß, weil es klein ist.

Das schönste an Weimar ist, dass hier eine Bürgerschaft lebt, die alles über Weimar weiß. Alle erzählen sich ständig, was sie schon über Weimar wissen.

Am meisten weiß man in Weimar über das Leben im 18. Jahrhundert, die Pyramide des Wissens steht hier auf dem Kopf. Was zeitlich weit weg ist, hat breite Präsenz. Was zeitlich präsent ist, schert keinen etwas. Deshalb fangen die Weimarer jetzt, wo der 100. Geburtstag des Bauhauses näher rückt, an, sich für das Bauhaus heftig zu interessieren. In wenigen Jahren werden sie alles über das Bauhaus wissen.

Louise Seidler (1786–1866),
Malerin am Weimarer Hof

Ja, die Welt ist vollkommen überall, wo der Mensch nicht hinkommt.

Jorge Semprún (1923–2011),
kollektiver Individualist

Das Unsagbare, mit dem man uns ständig in den Ohren liegen wird, ist nur ein Alibi. Oder ein Zeichen von Faulheit. Man kann immer alles sagen, die Sprache enthält alles.

Johann Gottfried Seume (1763–1810),
reisender Autor

Wer die Krankheit hat, keine Ungerechtigkeiten ertragen zu können, darf nicht zum Fenster hinaussehen und muss die Stubentüre zuschließen. Vielleicht tut er auch wohl, wenn er den Spiegel wegnimmt.

Sich amüsieren heißt etymologisch: die Muße loswerden. Amüsement wäre also das Vergnügen der Plattköpfe.

Wenn ein Deutscher zu sogenannter Würde oder auch nur zu Geld kommt, bläht er sich dick, blickt breit, spricht grob, setzt sich aufs große Pferd, reitet den Fußsteg und peitscht die Gehenden.

Lüge wie gedruckt, so bekommst du Dukaten.

Faulheit ist die Dummheit des Körpers, und Dummheit Faulheit des Geistes.

Ein Glück für die Despoten, dass die eine Hälfte der Menschen nicht denkt und die andere nicht fühlt.

Wer die anderen neben sich klein macht, ist nie groß.

Ob die Weiber soviel Vernunft haben als die Männer, mag ich nicht entscheiden, aber sie haben ganz gewiss nicht soviel Unvernunft.

Der Witz ist die Krätze des Geistes. Er juckt sich heraus.

Gaby Seyfert (* 1948),
Kufenkünstlerin

Leben ist wie Zeichnen ohne Radiergummi.

Heide Simonis (* 1943),
Erstministerpräsidentin

Politik ist der Sieg des Hinterns über das Gehirn.

Sie werden als Frau immer nur dann etwas, wenn Männer eine Sache in den Sand gesetzt haben.

Es ist nicht mehr zu verantworten, dass die Intelligenz von Frauen nicht genutzt wird. Unter volkswirtschaftlichen Gesichtspunkten würde man von Ressourcen-Verschwendung sprechen.

Willi Sitte (1921–2013),
Menschenmaler

Schließlich habe ich etliche gesellschaftliche Umbrüche erlebt, aber es waren immer die gleichen Typen, die sich ganz schnell von der einen auf die andere Seite schlugen.

Peter Sodann (* 1936),
Bücherschützer, TV-Kommissar, Theaterchef

Ich will die DDR nicht wieder haben, aber nehmen lass ich sie mir auch nicht.

Jura Soyfer (1912–1939),
österreichischer Satiriker

Wir sind das schlecht entworfne Skizzenbild / des Menschen, den es erst zu zeichnen gilt.

Ich bin für die Abschaffung der Geografie. Das wäre das einzige Mittel, um Krieg zu verhindern.

Glücklich sein oder ein Mensch sein – alles auf einmal kann der Mensch nicht haben.

Lothar Späth (* 1937),
cleverer Schwabe

Sie müssen entweder Englisch können, um mit der Welt zu korrespondieren, oder Schwäbisch, um mit den wichtigen Leuten zu reden.

Wir haben jetzt klare Verhältnisse, aber wir wissen noch nicht welche.

Wenn Sie den Satz „Der Klügere gibt nach" auf die Politik übertragen, regieren zum Schluss nur noch die Blöden.

Gisela Steineckert (* 1931),
Lyrik-Lieder-Prosa-Autorin

Ich habe immer das Gefühl, dass mir das Publikum Hausaufgaben mitgibt – so dass ich weiter darüber nachdenken muss.

Madame de Staël (1766–1817),
literaturkritische Dame

Wer Tabak raucht, riecht wie ein Schwein. Wer Tabak schnupft, sieht aus wie ein Schwein. Wer Tabak kaut, ist ein Schwein.

Frauen: glückliche Wesen. Weil sie keine Männer sind, brauchen sie keine Frauen zu heiraten.

Liebe ist Selbstanbetung zu zweit.

Man muss sein Gesicht dort zeigen, wo man es hat.

Uwe Steimle (* 1963),
satirisches Honecker-Double

Es geht mir gut und ich hoffe dasselbe auch von meinen Feinden.

Wenn jemand sowohl Kabarettist ist, aber eben auch schauspielerisch unterwegs ist, dann weiß man immer nicht genau, ist der nun u oder e, und dass u und e vielleicht auch ü werden könnte, darauf kommt gar niemand.

Franz Josef Strauß (1915–1988),
politischer Eigenkopf bayrischer Prägung

Kolumbus war der erste Sozialist. Er wusste auch nicht, wohin die Reise ging.

Frauen: glückliche Wesen. Weil sie keine Männer sind,
brauchen sie keine Frauen zu heiraten.

Madame de Staël

Charlotte von Stein (1742–1827),
sehr enge Freundin Goethes

Ich glaube, dass, wenn ebenso viel Frauen Schriftstellerinnen wären, als es Männer sind, und wir nicht durch tausend Kleinigkeiten in unseren Haushalten herabgestimmt würden, man vielleicht auch einige gute darunter finden würde, denn wie wenig gute gibt es nicht unter den Autoren ohne Zahl.

Peer Steinbrück (* 1947),
undiplomatischer Politiker

Die Verteilung von Schlaubergern und Deppen auf die Parteien folgt der Normalverteilung in der Bevölkerung.

Diejenigen, die sich für so klug halten, dass sie nicht wählen gehen, werden dann möglicherweise von Leuten regiert, die dümmer sind als sie.

Alle klagen über Bürokratie. Aber wenn der Hund des Nachbarn in ihren Garten furzt, wollen die gleichen Leute eine Änderung des Emissionsschutz-Gesetzes.

Reiner Süß (* 1930),
Kammersänger mit Spaßgarantie

Wir müssen endlich einmal davon loskommen, dass die Oper mit „Nabucco“ anfängt und mit „Carmen“ aufhört.

Rudolf Steiner (1861–1925),
missbräuchlicher Esoteriker

Suchst du dich selbst, so suche draußen in der Welt. Suchst du die Welt, so suche in dir selbst.

Wissen ohne Erkenntnis führt zu Handeln ohne Verantwortung

Hansgeorg Stengel (1922–2003),
Sprachpfleger und Improvisateur

Kater kriegen ist nicht schwer. Kater haben aber sehr.

Ich lese am liebsten aus guten Werken, also mit Vorzug aus meinen eigenen.

Weil ich mir nichts merken kann, muss ich mir eben irgendwas einfallen lassen.

Theodor Storm (1817–1888),
verbeamteter norddeutscher Literat

Man muss sein Leben aus dem Holz schnitzen, das man zur Verfügung hat.

Wenn der Pöbel aller Sorte tanzet um die goldnen Kälber, halte fest: Du hast vom Leben doch am Ende nur dich selber.

Am Ende pflegen die Idealisten doch recht zu behalten, wenn auch mitunter vielleicht hundert Jahre, nachdem sie begraben sind.

Köchinnen sind grausam, und Menschlichkeit wächst nicht in einer Küche.

Die verehrlichen Jungen, welche heuer meine Äpfel und Birnen zu stehlen gedenken, ersuche ich höflichst, bei diesem Vergnügen womöglich insoweit sich zu beschränken, dass sie daneben auf den Beeten mir die Wurzeln und Erbsen nicht zertreten.

Richard Strauss (1864–1949),
Meister hochprofessioneller Kapellen

Wer ein richtiger Musiker sein will, der muss auch eine Speisekarte komponieren können.

Für mich existiert das Volk erst in dem Moment, wo es Publikum wird.

Die menschliche Stimme ist das schönste Instrument, aber es ist am schwierigsten zu spielen.

Barbara Sukowa (* 1950),
Mimin und „X-Patsy"-Sängerin

Da hat gerade meine Generation für eine Befreiung der Frau gekämpft. Und nun schneiden und spritzen sie sich in die Gesichter, tun sich weh und unterdrücken sich selber.

T

Thomas Thieme (* 1948),
massiv beeindruckender Spitzen-Mime

Freiheit, das ist eine zugige Gegend.

Völlig grotesk, dass bei Kompetenz-Umfragen auch das Äußere eine Rolle spielt.

Ordnung und Subversion machen sich immer gegenseitig Stress, vielleicht so wie Freiheit und Gleichheit.

Lew Tolstoi (1828–1910),
russischer Weltautor

Ein Mensch, der seine Dummheit zu verbergen versteht, ist besser als einer, der seine Weisheit zur Schau stellen möchte.

Denn das Leben von Menschen so beschreiben, dass man mit der Schilderung der Hochzeit abbricht, ist nicht anders, als beschriebe man die Reise eines Mannes und bräche den Bericht an der Stelle ab, wo er Räubern in die Hände fällt.

Mancher geht durch den Wald und sieht dort nichts als Brennholz.

Man darf nicht viel denken; wenn man nicht denkt, lässt sich alles ertragen. Alles kommt davon, dass der Mensch denkt.

Iwan Turgenjew (1818–1883),
russischer Realist

Die Jugend isst vergoldete Pfefferkuchen und glaubt, sie seien das tägliche Brot.

So gut man einen Wolf auch füttert, er wird immer nach dem Wald schielen.

Leicht hat's ein Dummkopf unter Hasenfüßen.

Worum ein Mensch auch beten mag – er betet um Wunder. Jedes Gebet enthält eigentlich den Wunsch: „Allmächtiger hilf, dass zweimal zwei nicht mehr vier ist!"

V

Henry van de Velde (1863–1867),
So-gut-wie-Alles-Künstler

Kunst ist der wundersame Schmuck des Lebens. Sie kann nichts anderes sein, weil das Wesen aller Künste darin besteht zu schmücken.

Bernhard Vogel (* 1932),
Thüringen-Aufbauhelfer

Den Gürtel enger zu schnallen verlangen vor allem die, die ihren Wohlstandsbauch schon mit Hosenträgern abgesichert haben.

Hans-Jochen Vogel (* 1926),
auch mal Münchner Oberbürgermeister

Die FDP treibt sich immer in der Nähe des Friedhofs herum, ist aber noch nicht beerdigt.

Die einen haben Glasnost, die anderen Klarsichthüllen.

Ich habe mich undeutlich genug ausgedrückt, um verstanden zu werden.

Christian August Vulpius (1762–1827),
Goethe-Schwager und Autor

Der Satiriker ist ein Mann, der seines Lebens nicht sicher ist, weil er die Wahrheit zur Schau trägt.

W

Richard Wagner (1813–1883),
Opern-Über-Vater

Ein politischer Mann ist widerlich, ein politisches Weib aber grauenhaft.

Deutsch sein heißt, eine Sache um ihrer selbst willen tun.

Das Leben beginnt erst mit 70 Jahren, dann erst wird es wirklich schön.

Nike Wagner (* 1945),
aus dem Wagner-Clan Ausgescherte

Der Wert der luxuriösen Kleinstadt steigt ja parallel zur Grausamkeit der Großstädte.

Jürgen Walter (* 1943),
Chansonnier

Wenn jemand nur die Hälfte weiß, weiß er gar nichts.

Meine Lieder erfand ich nicht selbst, sondern sie wurden mir von meinen Autoren gegeben und ich habe gefälligst vernünftig, freundlichst, hochachtungsvoll und verantwortungsvoll mit ihnen umzugehen.

Inge von Wangenheim (1912–1993),
klassikbewusste Genossin, Jemand mit Entgleisung

Nur was man verstanden hat, kann man bewältigen.

Jede Wahrheit dieser Welt, so ernst sie auch sein mag, sollte so unterhaltsam und spannend als nur möglich vorgetragen werden.

Hans-Eckhardt Wenzel (* 1955),
sinnreicher Wort-Sänger

Im heutigen Lachen gibt es kaum etwas Tragisches, und dadurch auch keine Anarchie. Übrig geblieben ist die Fratze der Comedians.

Guido Westerwelle (* 1961),
Kapitän eines havarierten Politschiffes

Wir werden nicht länger zusehen, dass bei den Großen der Bundesadler kommt und bei den Kleinen der Pleitegeier.

Opposition macht frei.

Richard Wetz (1875–1935),
einheimischer Komponist

Nur unvernünftige Menschen schreien über den Mangel an Genies, als ob sie wie Brennnessel wüchsen!

Ulrich Wickert (* 1942),
erst Journalist, dann Moralist

In Deutschland ist man gleich ein Lebemann, wenn man etwas von Käse versteht.

Auch Müll im Kopf ist Umweltverschmutzung.

Die klügsten Leute machen die dümmsten Fehler.

Wilhelm Wieben (* 1935),
verschwiegener Sprecher

Zum Glück war ich in meinem Selbstverständnis nie von einem Millionenpublikum abhängig.

Christoph Martin Wieland (1733–1813),
Lehr-Meister

Wenn ich eines Arztes bedürftig bin, so ist weder der frömmste und sittsamste, noch der eleganteste, sondern der geschickteste der, der mir helfen kann.

Nur zu oft sind die Götter bloße Drahtpuppen ihrer Priester.

Bei leerem Magen sind alle Übel doppelt schwer.

Paul Wiens (1922–1982),
Sinn-und-Form-Bewusster

Liebe ist schneller als Licht.

Ich segne dauernd das Zeitliche, wortwörtlich – ich hänge dran.

Elie Wiesel (* 1928),
Friedensnobelpreisträger

Schuldig sind nur die Schuldigen.

Das Gegenteil von Liebe ist nicht Hass, sondern Gleichgültigkeit. Das Gegenteil von Leben ist nicht Tod, sondern die Gefühllosigkeit.

Man muss nicht schlecht sein, um besser werden zu wollen!

Ernst von Wildenbruch (1845–1909),
gründerzeitlicher Dichter

Ein Rezensent, siehst du, das ist ein Mann, der alles weiß und gar nichts kann!

Wer dem Buche dient, der dient dem Geiste,
wer dem Geiste dient, der dient der Welt.

Roger Willemsen (* 1955),
Publizist mit Zwistwitz

Die Freiheit bei Delacroix führt das Volk allerdings barbusig an, wir wissen also nicht, ob ihr hochgeschlossen gewandet das Volk genauso gerne gefolgt wäre.

Caroline von Wolzogen (1763–1847),
Schiller-Freundin

Freiheit wünschen nur wenige edle Menschen, Willkür der große Haufen.

Phantasie ist die Amme der Liebe, nicht ihre Mutter. Ist sie diese, dann ist Amor ein sich verwandelnder Proteus, der immer neue Gestalten verschmilzt.

Y

Ranga Yogeshwar (* 1959),
TV-Wissensvermittler

Eine Fliege konnte mich über eine ganze Schulstunde retten.

Z

Jean Ziegler (* 1934),
Menschenrechtrechner

Für einen Analphabeten ist die Pressefreiheit sinnlos.

Die Weltlandwirtschaft könnte problemlos 12 Milliarden Menschen ernähren. Das heißt, ein Kind, das heute an Hunger stirbt, wird ermordet.

Seinen Stimmzettel kann man nicht essen.

Der Kampf um das letzte Wort

Lassen wir dem Geheimrat das letzte Wort – hat er ja immer gehabt:

Durch nichts bezeichnen die Menschen mehr ihren Charakter, als durch das, was sie lächerlich finden.

Nein, niemand mehr! Gut, aber nur noch Sie, Herr Schiller.

Wer über alles lachen könnte, würde die Welt beherrschen.

Herr Heine, es reicht. Na gut, bitte!

So ein paar grundgelehrte Zitate zieren den ganzen Menschen.

Das war doch nun aber ein schönes Schlusswort. Danke an alle Beteiligten. Wer drängelt sich da noch durch? Ulrich Wickert.

Einen angenehmen Abend und eine geruhsame Nacht.

Alle schweigen und schauen erstaunt auf Ulrich Wickert. Aber dann meldet sich eine Stimme aus dem Nirgendwo und sagt völlig überraschend auf Deutsch.

Der Rest ist Schweigen.

Bilder mit Witz

Die im Buch verwendeten Zeichnungen stammen von Rodolphe Töpffer.

Rodolphe Töpffer (1799 bis 1846) war ein zu seiner Zeit recht bekannter Zeichner komischer Bildergeschichten. Sein Geld verdiente er als Privatlehrer und Leiter eines 1825 gegründeten Knabenpensionats in der Schweiz. Schon Töpffer-Vater Adam (1766 – 1874) malte erfolgreich. Neben Gemälden zeichnete er auch Karikaturen.

Eckermann zeigte Goethe die Bildergeschichten Rodolphe Töpffers. Goethe war begeistert: *„Es ist wirklich zu toll! Es funkelt alles von Talent und Geist! Einige Blätter sind ganz unübertrefflich! (…) Töpffer scheint mir (…) ganz auf eigenen Füßen zu stehen und so durchaus originell zu sein, wie mir nur je ein Talent vorgekommen"*.

Durch dieses Lob seiner Arbeiten fing Töpffer an, seine Bildergeschichten in Albenform der breiten Öffentlichkeit zugänglich zu machen. Als Zielpublikum wählte er sich vor allem Kinder und das einfache Volk. Zu seinen bekanntesten Bildergeschichten zählen „Histoire de Monsieur Jabot", „Monsieur Pencil" und „Monsieur Crépin".

Töpffer, Rodolphe: Histoire de Mr. Jabot. Autographié chez J. Freydig (Genève) 1833.

Töpffer, Rodolphe: Le docteure Festus. Monsieur Pencil / autographié par láuteur [Rodolphe Töpffer], lith. De Schmidt, Geneve, Libr. d'A. Cherbuliez et Cie (Paris) 1840.

Töpffer, Rodolphe: Histoire de Mr. Crepin, Impr. d' Aubert & Cie 1837.

Töpffer, Rodolphe: Histoire de Mr. Vieux Bois, Garnier 1860.

Quellennachweis:

Die Rechte an den abgedruckten Texten liegen, sofern nichts anderes aufgeführt, bei den jeweiligen Autoren und Zitate-Gebern und wurden dem Verlag freundlicherweise zum Abdruck in vorliegender Publikation zur Verfügung gestellt. Trotz intensiver Recherche und Nachfrage ist aber nicht auszuschließen, dass in jedem Fall die Urheberrechte vollständig ermittelt wurden. Wir bitten ggf. um eine Mitteilung an den Verlag.

Alle in diesem Buch enthaltenen Zitate und Angaben wurden von Herausgeber und Verlag nach bestem Wissen zusammengetragen und mit größtmöglicher Sorgfalt überprüft. Gleichwohl sind inhaltliche Fehler nicht vollständig auszuschließen. Daher erfolgen die Angaben im Sinne der Produkthaftung ohne jegliche Verpflichtung oder Garantie des Verlages oder des Herausgebers. Beide übernehmen keinerlei Verantwortung und Haftung für etwaige inhaltliche Unstimmigkeiten. Wir bitten dafür um Verständnis und werden Korrekturhinweise gerne aufgreifen: info@verlag-weimar.de

Die Zitate von **Bruno Apitz** wurden dem Buch „Nackt unter Wölfen" entnommen,
Berlin 2012. Der Abdruck erfolgt mit freundlicher Genehmigung der © Aufbau Verlag GmbH & Co. KG, Berlin 2013.

Die Zitate **Sibylle Bergs** stammen aus einem Interview mit dem Titel „Das Geheimnis einer glücklichen Ehe. Viele verwechseln Sex mit Liebe", focus.de vom 30.08.2012, sowie aus einem Interview mit dem Titel „Hassen aus Liebe", faz.net vom 29.07.2012.
Die Zitate des Foodwatch-Chefs **Thilo Bod**e fanden sich in den Interviews „Ich mag Döner, kaufe aber keinen" mit der Wirtschafts-Woche, wiwo.de vom 14.03.2011, sowie „Die Industrie muss diese Kritik aushalten können", welt.de vom 25.06.2013.

Das Zitat **Robert Gernhardts** stammt aus dem Artikel „Mensch, lass locker", in Der Spiegel 9/2006, Seite 144ff.

Horst Peter Meyers Zitate fanden sich in der Aphorismen-Sammlung „Im Drangsal spielt die Musik" der Edition Feindfabrik, Weimar 2013.

Das Zitat von **Richard Pietraß** entnahmen wir dem Gedichtband „Spielball", Aufbau-Verlag Berlin und Weimar 1987.

Das Zitat **Willi Sittes** wurde dem Artikel „Ich bin nie ein Opportunist gewesen", tagesspiegel.de. vom 27.02.2001, entnommen.

Volker Ebersbach, Andreas Siekmann

Anekdoten über Goethe und Schiller

Anekdotensammlung

144 Seiten; Paperback
Format: 12 × 21 cm

ISBN: 978-3-86539-688-4

Anekdotisches von der Geburt bis zum Tod Goethes erzählt Volker Ebersbach. Eine Auswahl versucht, die vielen Seiten in Goethes Leben aufzuzeigen. Er war nicht nur Dichter, Minister, nicht nur „der Goethe“, er war auch ein Mensch mit Stärken und Schwächen aber auch ungewöhnlichem Scharfsinn.

Schiller wird in gut achtzig Anekdoten von Andreas Siekmann in alltäglichen, manchmal überraschenden, immer aber merkwürdigen und typischen Situationen dargestellt, so dass der Leser am Ende Goethes Urteil zustimmen wird: „Er war ein wunderlicher großer Mensch.“

weimarer verlagsgesellschaft

info@verlag-weimar.de
www.verlag-weimar.de

Jutta Heinz (Hg.)

Zitate kluger Frauen

Von Anna Amalia bis Sibylle Berg
Anthologie

unter Mitarbeit von Cornelia Ilbrig
und Nicole Kabisius

144 Seiten; Paperback
Format: 12 × 21 cm
ISBN: 978-3-86539-692-1

Frauen denken, schon immer und von Natur aus. Sie denken tiefsinnig, spontan oder systematisch, vorsichtig oder wagemutig – ganz so, wie es ihrer jeweiligen Persönlichkeit entspricht. Sie denken nach über Männer und Frauen, über die Ehe und die Liebe, die Kindheit und das Alter, über Geburt und Tod.
Der Band versammelt anregende und unterhaltende Zitate von klugen Frauen aus dem geistigen und geographischen Umfeld Weimars: von Herzogin Anna Amalia von Sachsen-Weimar-Eisenach über die Frauen der Klassiker und Romantiker bis hin zu Marlene Dietrich und Sibylle Berg.